R E DESIGN

日常の21世紀

株式会社竹尾――編

原研哉＋日本デザインセンター原デザイン研究所――企画／構成

朝日新聞社

目次

日常へデザインを産み落とす

原　研哉

「リ・デザイン展」のテーマは日常である。リ・デザインとは、その名の通り、デザインのやり直し。ここではクリエイティヴの諸分野で最も視点の明確な仕事をされている方々の力をお借りして、私たちの身のまわりにある身近な物品を新しくデザインし直した。つまり、建築、プロダクト、グラフィック、照明、インテリア、広告、写真、文筆など、幅広い分野からさまざまな才能を頼んで、日常のアノニマス・デザインに挑戦するような試みであるとご理解いただきたい。

この展覧会は、株式会社竹尾の一〇〇周年事業の一貫として計画されたものであり、すべて紙に関係するもので構成されている。この点もこの展覧会の大きな特徴の一つである。一時期「ペーパーパーレス社会」などという言葉が世間を迷走したほどに、紙は古いメディアに密着したイメージを持っていた。しかし「ペーパーレス」という発想こそ二十世紀に置いていかなければならないことに私たちはすぐに気づいた。なぜならば、紙は情報をのせて運ぶメディアであるだけでなく、人の感覚をうるおす素材、つまり自然に触れる喜びを五官に伝える環境形成のための素材だからである。

新しい世紀は、人間が自然の叡智を取り戻す世紀であると言われている。従って紙素材は生活に密着した場所でテクノロジーとともにさらなる進化をとげながら、今後も人の生活に寄り添っていくであろうことがこの展覧会で明らかになった。さらに、情報そのものも、速度の早いメディアの中を正確に疾走するだけではなく、より美しく記録されたり、より印象的に伝達されるという局面も速度や精度と等しく重要で、そうした状況への洞察もまた、新しい世紀の課題であることが、この展覧会及び書籍を通じて確認されるはずである。

現代の社会は、コンピュータの進化や、電子通信ネットワークの潜在力など、テクノロジーの進歩がもたらす社会と生活の変化に対しては過敏であるが、一方で社会や生活を本当の意味で変革していく知恵や創造性に対する視線は曖昧になりがちである。テクノロジーは新しい世紀を拓く土台となる構造を提供するけれども、新しい生活を具体的に生み出す力は、やはり外界環境の構成物に対する人間の活発なイマジネーションにほかならない。

こうした、生活を創造する知性やイマジネーションに言及する「デザイン」という概念は一〇〇年も前に社会の中に産み落とされたはずなのだが、二十世紀、特にその後半の五十年間は、デザインは経済と密着しすぎていて、その姿を生活の中にはっきりと見定めることが容易ではなかった。そういう意味では、概念として誕生しながらも、それは母体の出口で停滞し、社会の中へと完全には生まれ切っていなかったと言えるかもしれない。

この展覧会では、はっきりとデザインという概念の意味するものの姿を描いてみたかった。二十一世紀はデザインが社会の中に完全にしっかりと産み落とされる世紀である。そういう状況に向けて、私はここに三十二の設問を用意してみた。

RE DESIGN

日常の二十一世紀

テーマ

トイレットペーパー

建築家、坂茂の仕事は紙管を用いることで知られている。紙管とは読んで字のごとく紙でできたチューブである。紙とはいえ、恒久建築の構造材としても十分な強度を持つことに着目し、さまざまな用途の建築にこの素材を用いてきた。

二〇〇〇年のハノーバー万博の日本館も坂氏の紙管による設計である。ローコストである点や、世界中どこでも入手できる利点を生かし、阪神大震災やルワンダ難民キャンプの現場に駆けつけ、仮設住宅の建築によって、支援活動を行なう行動的な側面も持つ。

坂茂氏に依頼したテーマはトイレットペーパー。行動する建築家の感覚で「日常」を見つめていただいた。

◎商品プロフィール

ロール型のトイレットペーパーが欧米で使われ始めたのは一八四〇年から五〇年にかけてのこと。日本では一九二四（大正十三年）頃、土佐紙会社により製造されるも、その後ほんの数社のみが製造、それも第二次大戦とともに打ち切られた。戦後は昭和二十四年頃から進駐軍向けに製造され始めている。現在は純粋パルプより再生紙利用のものが多く全体の六割を占める。

回答者

坂　茂

◎トイレットペーパー制作意図

誰しもトイレットペーパーを引き出して使う時、勢いよく引っ張りスルスルと必要以上の長さの紙が出てしまった経験があると思う。特に公共のトイレではいかに紙や水を節約するかは重要な問題である。紙が無駄に出過ぎない工夫をしたトイレットペーパー・ホルダーをデザインする方法もあるが、それよりもすでに出まわっているどんなホルダーでも使える無駄が出にくいトイレットペーパー自身を考えるほうが普及しやすいし、ただのデザインの問題としてではなく、世界共通の形「丸いトイレットペーパー」について考えるほうが問題の根源に迫れるであろう。

丸いトイレットペーパーは、丸い紙管に紙を巻くため丸くなる。そこで四角い紙管に紙を巻けば四角いトイレットペーパーができるのではないか。芯の紙管が四角ければそれだけで、紙を引っ張ってもスルスルとは紙は出ないし、外形も四角でペーパーホルダーにカバーがついていれば、カタカタと抵抗が加わり、紙は出にくくなる。

さらにトイレットペーパーのように安くて軽い物の値段のうち輸送費が占める割合は高いので、いかに無駄なく輸送する形に梱包できるかは重要な問題である。従来の丸い形だとトイレットペーパー同士の間にも梱包されたパッケージ同士の間にも隙間ができ、輸送する量に無駄が出る。ところが四角いトイレットペーパーは、隙間なく梱包でき、多くの量が輸送できるというメリットもある。

当然丸のほうが巻きやすいだろうし、人の先入観を丸から四角に変えるということは、たいへんなことであるが、時代に合った物の意味を考えたり、身の回りの物や習慣に対し、先入観をなくして対処することは、これからの時代、ますます重要となってくるのではないだろうか。

◎坂茂(ばんしげる)
建築家。一九五七年東京都生まれ。南カリフォルニア建築大学を経て、八四年クーパー・ユニオン(ニューヨーク)卒。八二〜八三年、磯崎新アトリエ(東京)に勤務。八五年坂茂建築設計を設立。九五年より国連難民高等弁務官事務所のコンサルタントとして、難民用の紙のシェルターの開発に携わる。九五年日本建築家協会第三回関西建築家賞大賞、同年毎日デザイン賞大賞、九七年日本建築家協会新人賞などを受賞。主な作品に「カーテンウォールの家」、「MDSギャラリー」、「紙の教会」、「紙のログハウス」、「JR田尻湖駅」、「紙のドーム」、「羽根木の森」、「アイビー・ストラクチャーの家」、主な著書に『shigeru ban』(GG portfolio, Editorial Gustavo Gili、一九九七)、『紙の建築　行動する』(筑摩書房、一九九八)、作品集『坂茂』(JA30 新建築社、一九九八)、『坂茂プロジェクツ・イン・プロセス』(TOTO出版、一九九九)など。
写真は、「紙の教会」(一九九五)

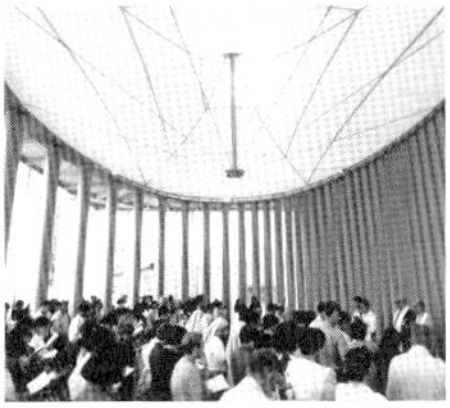

断面が四角のデザイン。収納のための容積が低く押さえられ、ストックや輸送の効率がアップするという利点がある。

使用時にカタカタと抵抗が生じるため必要以上に引き出せず、省資源に。

トイレットペーパー◎坂茂

トイレットペーパー◎坂茂

テーマ

出入国スタンプ

米国に入国する際にパスポートをチェックしていた審査官から、「ハッピーバースデイ」と言われてパスポートを返されたという話がある。話の当人はこれで米国が少し好きになったということであるが、コミュニケーションのポイントはこういう思いがけず小さい所に潜んでいる。そんな小さなディテイルへの配慮が予想以上に大きな効果を生む実例を、広告、ゲームソフト、映画、歌など、多様な分野で活躍する、コミュニケーションの達人、佐藤雅彦氏に実証してもらいたい。そんな観点から、国際空港の出入国審査カウンターで用いられる「出入国スタンプ」というテーマを設定した。

回答者

佐藤雅彦

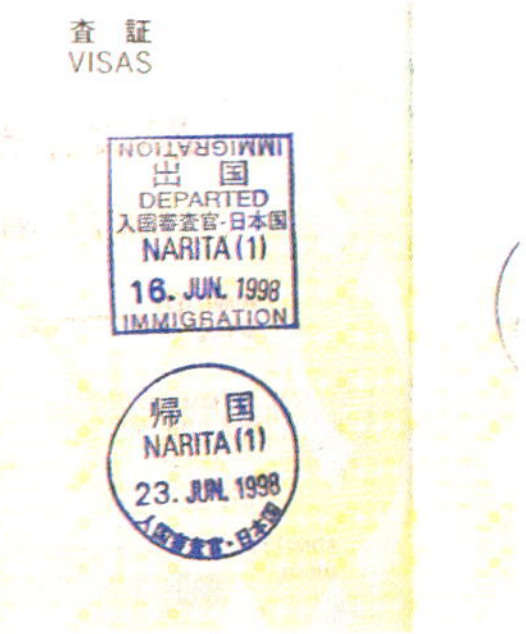

◎**商品プロフィール**
現在使用されているスタンプは、一九七〇年から継続して使用されており、出入国の日付け及び空港の名称が刻印される仕様になっている。出入国の区別はスタンプ外周の形状によって行なわれている。

◎出入国スタンプ制作意図

出入国スタンプのデザインの考え方は、キャラクターなどのスタンプのデザインの考え方と、当然、大きく違います。そこに、出国・入国の日付けやどこの国のものなのかの判別性など機能的な要素が求められるからです。かといって、機能性を理由に、単に要素の羅列だけになってもかえって可読性や判別性が低く、結果的に機能的でないデザインになってしまいます。

ここでは、次のような二つの試みで二つのスタンプを制作してみました。

【1】出入国スタンプとして最低限必要な年月日・国名などの数字や文字のテキスト情報をヴィジュアルの要素として兼務させたもの(飛行機の形をしたスタンプ)

【2】今、みんなが無意識に想定している出入国スタンプというデザインの枠の内で上記の条件を満たしているもの(角丸の四角い枠のスタンプ)

両者とも、出張のビジネスマンや旅行者を、日本から送り出す時また日本に迎え入れる時、その人たちが、ちょっとだけ嬉しかったり、元気がでたり、安堵したり、そんな効用が生まれるようにリ・デザインしたつもりです。

共同制作=名倉剛志

◎佐藤雅彦(さとうまさひこ)

クリエイティヴディレクター。一九五四年静岡県生まれ。CMプランナーとして、湖池屋「ポリンキー」、NEC「バザールでござーる」、サントリー「缶紅茶ピコー」、フジテレビの企業CMなどのヒットCMを世に送りだす。九七年プレイステーション版ゲームソフト「I.Q」を発表、全世界で百三十万枚を記録。九九年NHK「おかあさんといっしょ」のためにつくられた曲「だんご三兄弟」は国民的ヒットとなった。著書に『佐藤雅彦全仕事』(マドラ出版)『クリック』(講談社)。映画に「短編映画集・Kino」。音楽CDに「カローラ2に乗って」(小沢健二)、「でたらめな歌」(爆笑問題)。

写真は、ゲームソフト「I.Q」(一九九七)

DEPARTED
IMMIGRATION
日本国 20.APR.2000
ARRIVED
IMMIGRATION
日本国 20.APR.2000

上は出国用、下は入国用。

出入国スタンプ◎佐藤雅彦

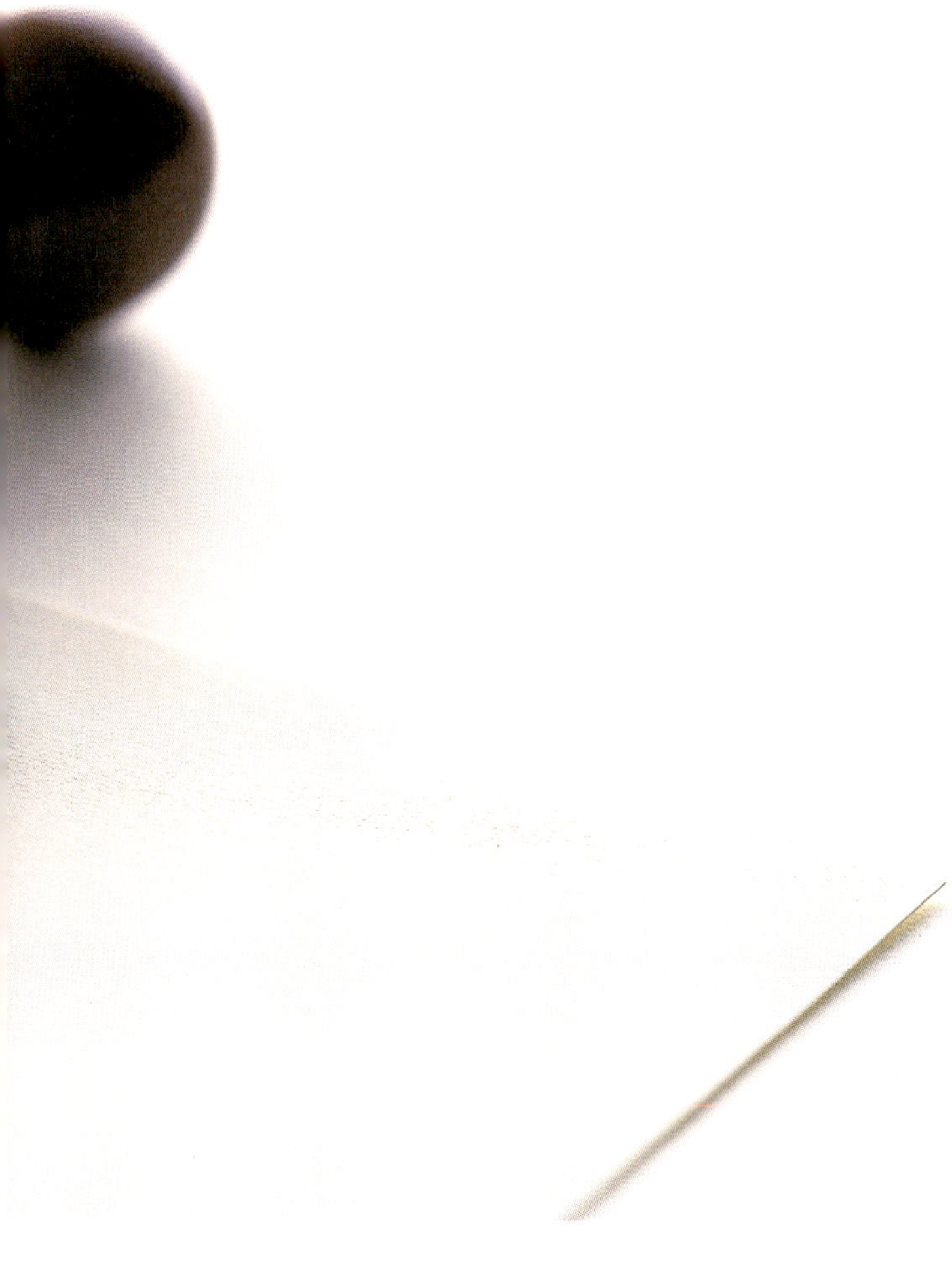

出入国スタンプ◎佐藤雅彦

テーマ

ゴキブリホイホイ

山の頂上付近に展望台をすっぽりと埋め込んだり、運河のほとりの土手の隙間に建築施設をはめ込んだりと、形のない建築、姿を消す建築の可能性をさまざまな形で探ってきた建築家、隈研吾氏に「ゴキブリホイホイ」を設計してもらったら……。

「家」を模したデザインを付与された従来品に対して、新時代を担う気鋭の建築家は一体どのような回答をもたらすのか。答えを予測して、というよりも「難問」を投げかける挑発的な色彩を企画側が持っていなかったとは言い切れない設問であった。

はたして、台所の隙間に設置される極小スケールのハウスは、どのような形に仕上がるのであろうか。

回答者

隈 研吾

◎**商品プロフィール**
一八九二(明治二十五)年創業のアース製薬によって一九七三年に発売された「ごきぶりホイホイ」は、発売されるや爆発的人気を博す。家型の形状とゴキブリを誘い込む薬品のコンビネーションは革新的であり、その後他社からも類似品が続々登場。アース製薬の登録商標である「ごきぶりホイホイ」は現在一般名詞となりつつある。

◎ゴキブリホイホイ制作意図

僕はハウスというものが嫌いである。かつてエンゲルスが指摘したように、二十世紀の人間はちっぽけなハウスのために、重くて苦しい住宅ローンを背負って農奴のように働いた。人はハウスに捉えられて死ぬのである。だからこそゴキブリホイホイもハウスのイメージをまとうのである。ゴキブリもわれわれもハウスにからめ取られて死ぬのである。

それゆえにハウスではなく、チューブを提案する。チューブは、完結せずに流れ続けるからである。流れ続けながら死ぬのである。友よ！ 屍を乗り越えて進め！ 具体的には、このチューブはロール状に巻かれている。ロールを好きなだけ引き出し、両サイドを折り畳むとチューブが完成する。人生をハウスに凝縮することはできない。

◎隈研吾（くまけんご）
建築家。一九五四年神奈川県生まれ。七九年東京大学建築学科大学院修了。コロンビア大学客員研究員を経て、隈研吾建築都市設計事務所主宰。九八年慶応義塾大学特別招聘教授。自然と技術と人間との新しい関係を切り開く建築を提案している。主な作品に「ヴェネツィア・ビエンナーレ一九九五 日本館会場構成」「亀老山展望台」（JCDデザイン賞、文化・公共施設部門最優秀賞受賞）、「高知県梼原街地域交流施設」（通産省選定グッドデザイン賞施設部門・新いなかデザイン賞大賞受賞）、「水／ガラス」（アメリカ建築家協会ベネディクタス賞受賞）、「森舞台／宮城県登米町伝統芸能伝承館」（日本建築学会賞受賞）。主な著書に『10宅論』（トーソー出版、ちくま文庫）、『新・建築入門』（ちくま新書）、『建築的欲望の終焉』（新曜社）など。

写真は、「北上川・運河交通館 水の洞窟」（一九九九）

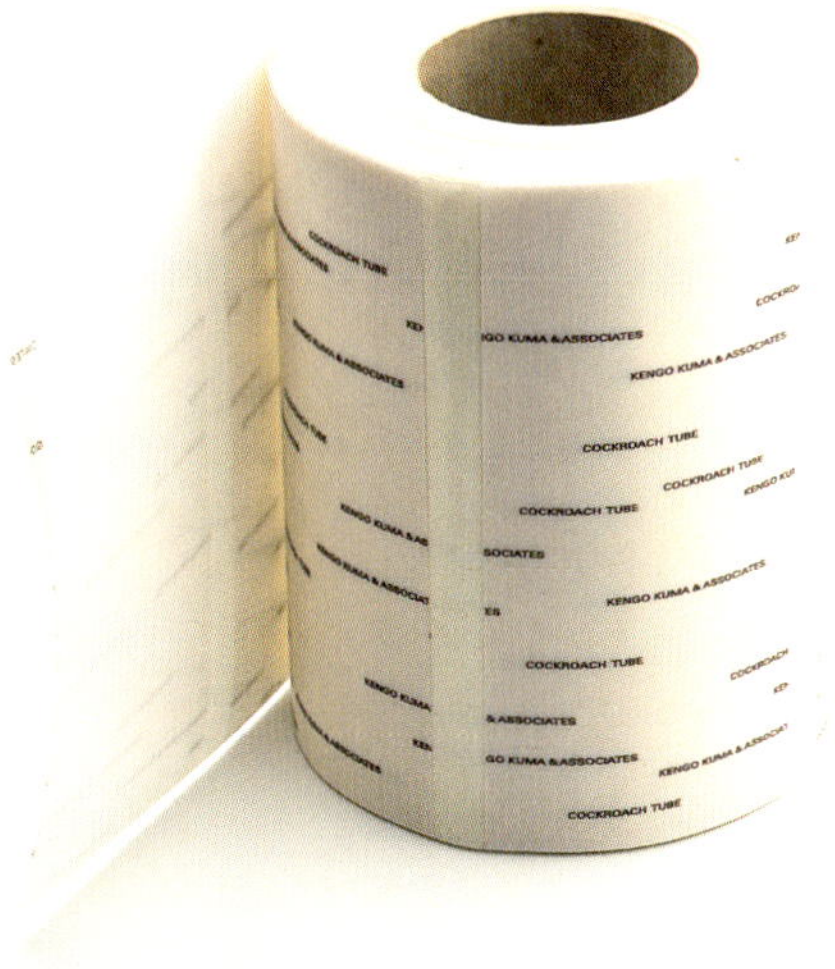

使用前はロール形状に巻かれている。

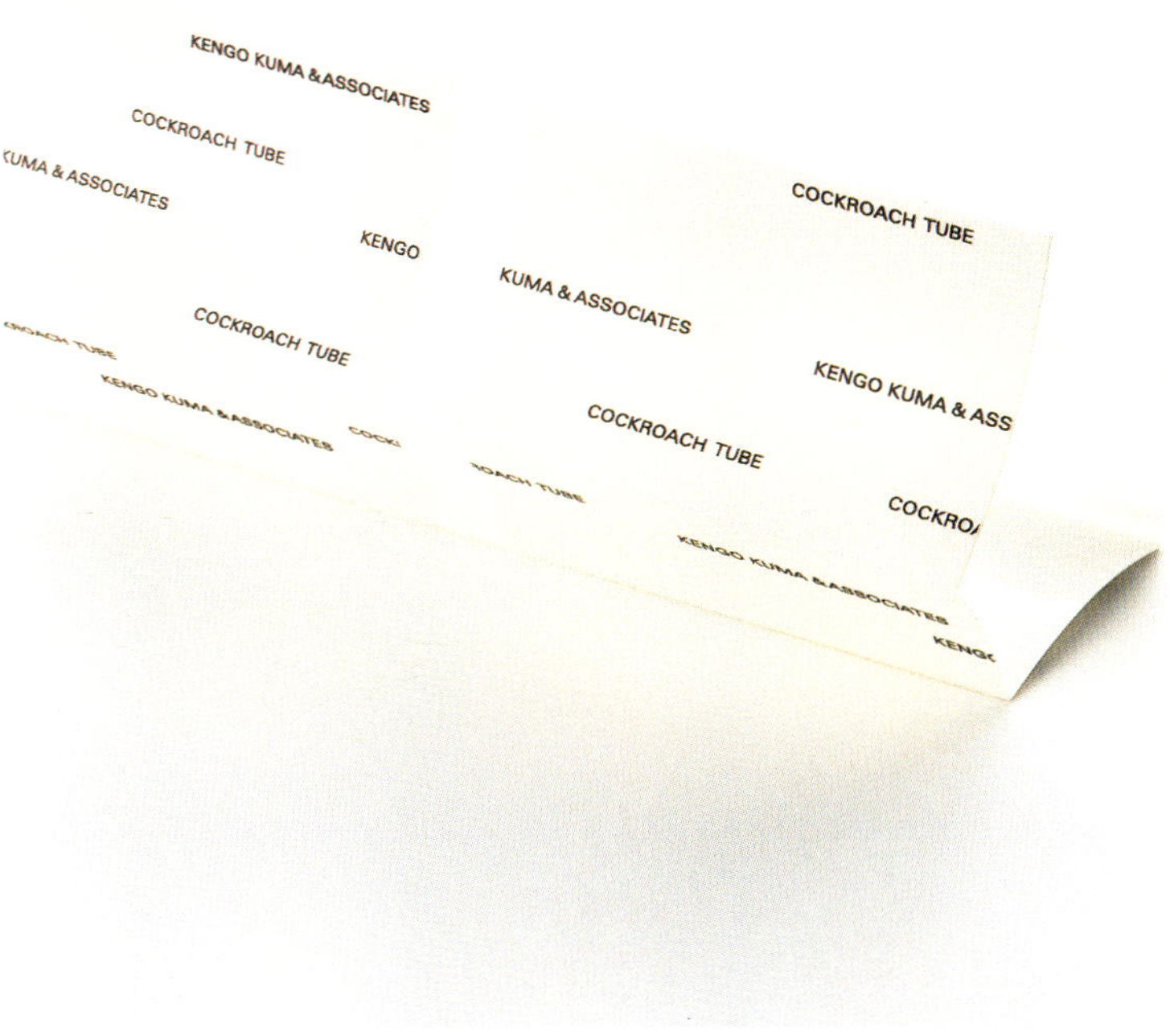

適宜引き出し、適当な長さに切って使用。素材は半透明で、捕獲されたゴキブリが視認できる。捕獲器具の表面にははっきりとKENGO KUMA & ASSOCIATESの文字が。関節部分が粘着質なため壁に貼って使用することも可能。

ゴキブリホイホイ◎隈研吾

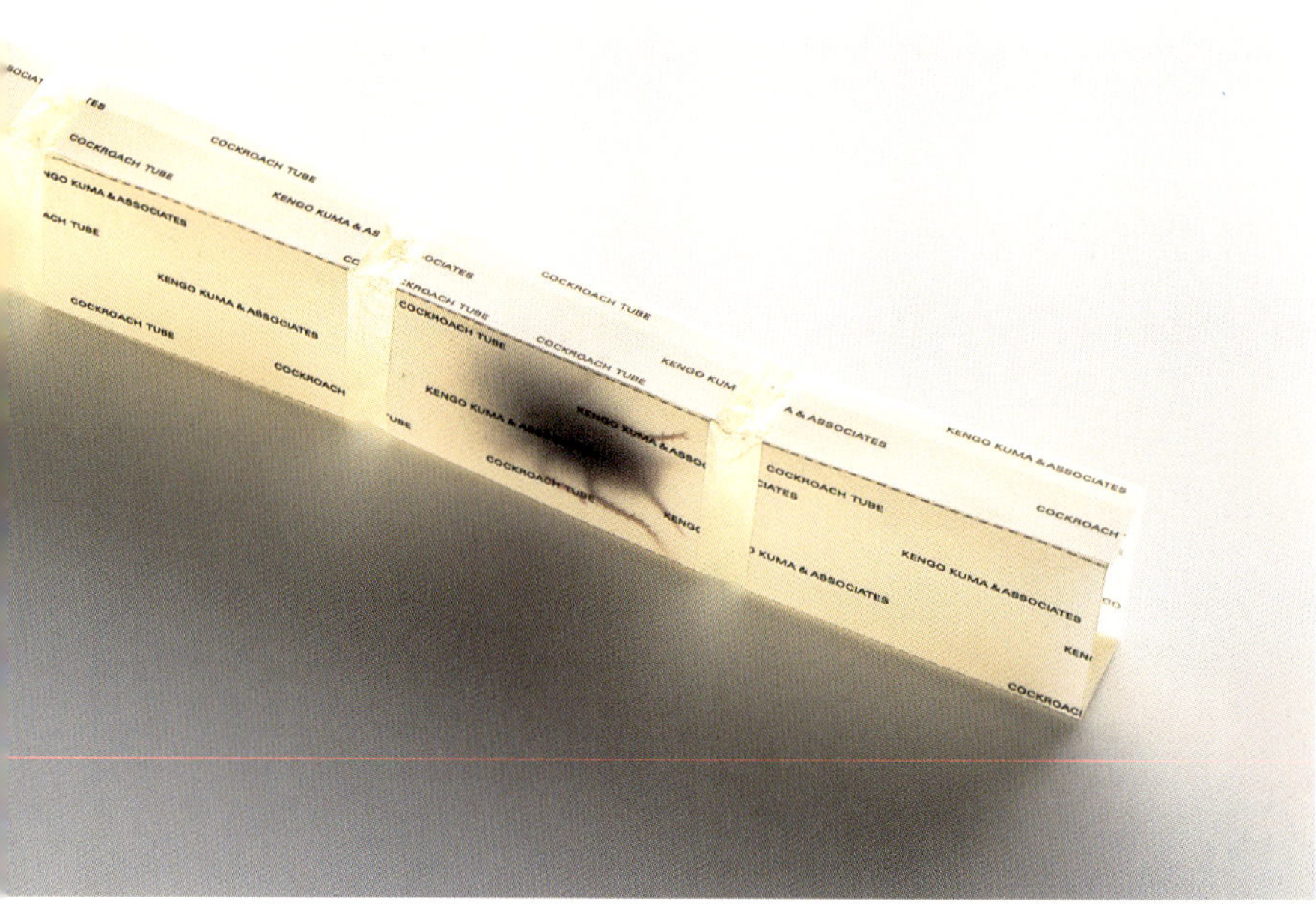
COCKROACH TUBE
KENGO KUMA & ASSOCIATES

ゴキブリホイホイ◎隈研吾

テーマ

記念日のためのマッチ

日常の中で火をともす行為は、時にはもう少し神聖であってもいい。
それが光の演出であるとするならば、これはまさに照明家の仕事であろう。
というわけで、照明デザイナー、面出薫氏に、
マッチのデザインをお願いした。
面出薫氏は「照明探偵団」というチームを仕立てて、自動販売機の照明から
道路工事の夜間標識、はてはビニールハウスの照明まで、
実にさまざまな生活の中の光の様相に目をこらしてきた。
さて、面出氏自ら拾い集めた素材をもとにつくり上げた回答とは。

回答者

面出 薫

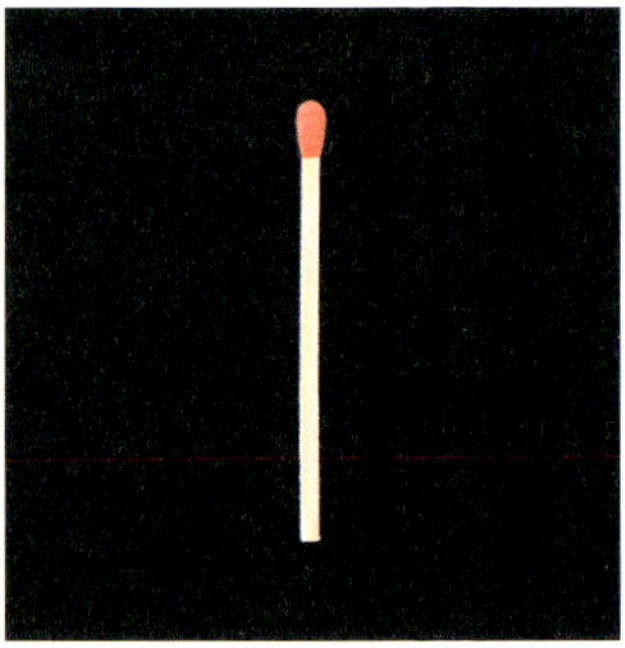

◎**商品プロフィール**
フランスに留学した清水誠が一八七五年に東京で黄リンマッチを発売したのが日本でのマッチ産業の始まりである。大正初年には生産量の八〇%が輸出され、スウェーデン、アメリカと並ぶ世界の三大マッチ生産国のひとつとなったが、使い捨てライターの出現により、一九七五年より生産量も需要も激減している。

◎記念日のためのマッチ制作意図

暮らしの中から今、火と煙の姿が消え去ろうとしています。路地裏では落ち葉を集めた焚き火がご法度となり焼き芋の香りも立ちません。町中の炭屋も姿を消しました。家の厨房でさえ火を見ずとも、電気コンロや電磁器による調理ができてしまいます。おまけに近頃は禁煙者が増えちゃって、タバコに火をつけるのでさえ肩身の狭い思いをさせられるのです。いったい私たちは、何億年も前から受け継いだ火のある暮らしを気前よく捨て去ろうというのでしょうか?

火は感謝と愛情の証です。さあ記念日に火をともそう。キャンドルに火をともそう。忘れてならない日には火をともそう。嬉しい日にも火をともそう。火は山の神様からいただいていることを思い起こします。マッチを取り出そう。マッチは大切な木からつくられていることに感謝しよう。木は私たちの家をつくり、火をつくり、命を受け継ぐ役割を果たしてきました。火に深い祈りを捧げよう。火をおこす行為を厳かに行なおう。できるだけ頻繁に、小さな祝いを繰り返したい。火に感謝しよう。木に感謝しよう。友人や愛人に感謝しよう。マッチにも感謝しよう。

毎朝早く、表参道のけやき道を事務所に向かって歩きます。ある日、落ち葉も許さないほど掃き清められたペーヴメントに美形の枝がポツンと落ちていました。本当に美形なので持ち帰りました。暖かい気持ちになりました。自然の持つ部分の形が美しいことは当然のことですが、私たちに課せられた煩雑な日常はそれを気づかせません。身の回りには整えられた形ばかりです。せめて小さな記念日には、美形の小枝マッチで火をともしたいと考えました。

◎面出薫（めんでかおる）
照明デザイナー。一九五〇年東京都生まれ。東京芸術大学美術学部デザイン科卒業後、同大学院美術研究科修士課程を修了。TLヤマギワ研究所勤務を経て、九〇年 ライティングプランナーズアソシエーツを設立。現在、住宅照明から建築照明、都市・環境照明の分野まで幅広い照明デザインのプロデューサー、プランナーとして活躍する傍ら、市民参加の照明文化研究会「照明探偵団」を組織し、団長として精力的に活動を展開中。主な仕事に「フランクフルト・オペラハウス」、「臨海副都心道路景観」、「東京国際フォーラム」、「JR京都駅」など。主な受賞に日本文化デザイン賞、毎日デザイン賞など多数。主な著書に、『あかり楽しんでますか』（東京書籍）、『あなたも照明探偵団』（日経BP社）、『建築照明の作法』（TOTO出版）など多数。

写真は、「JR京都駅・ジオメトリカル・コンコース」（一九九七）

小枝に火薬を。つくり方は、通常のマッチの製作工程と同様。

記念日のためのマッチ◎面出薫

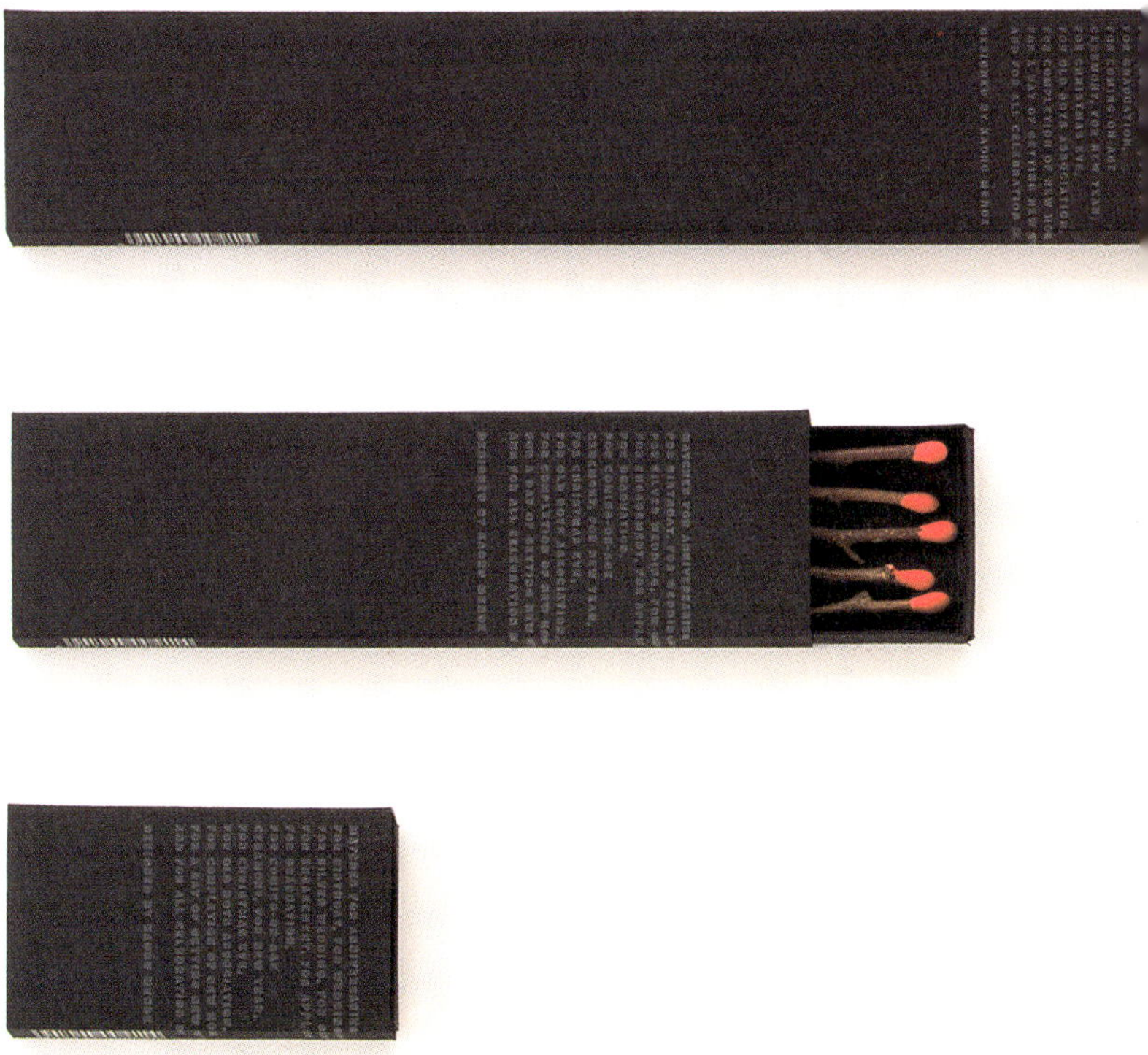

記念日のためのマッチ◎面出薫

テーマ

シール・ラベル系グッズ

シールやラベルといった、情報整理のためのステーショナリー、つまりデスク周辺の基本的な文房具にこそ優れたデザインが欲しい。モニターの中だけではなく、手で触ることのできる身の回りの日常も、デザインの力で今後も進化し続けていくことを忘れてはならない。五感を充足させるという観点も新しい世紀の重要課題の一つなのである。ここでは平面の仕事だけではなく、立体の世界にも発想の広がりを見せる佐藤卓氏に、このテーマをお願いした。

回答者

佐藤 卓

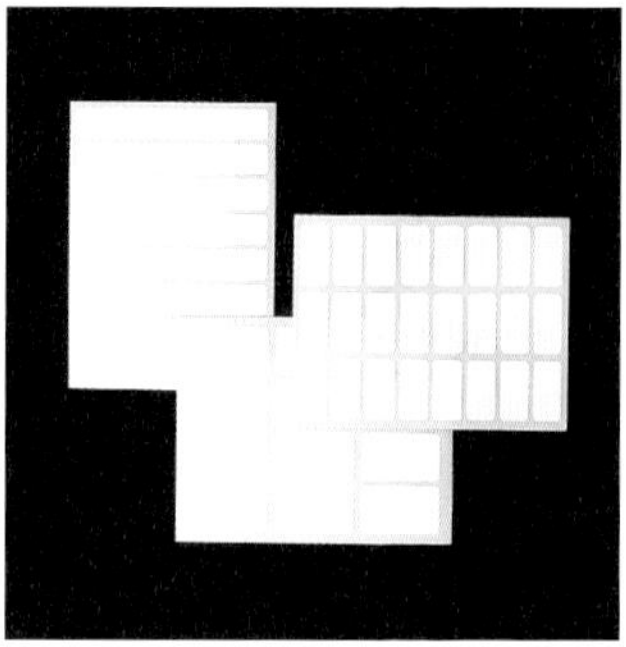

◎**商品プロフィール**

「シール」の語源は「SEAL」、すなわち印章、封印、封緘紙の意味。古代エジプトでは美しい色をした粘土でつくられ、パピルスでつくったリボン状のものに巻き付けて文書などに貼り付けていたという。日本では一九一二年から製造されだし、六〇年に感圧性接着シールラベルが普及し始めると市場は急激に拡大。現在、プラスティックなど素材も多様化しはじめた。

◎シール・ラベル系グッズ制作意図

プロダクトとしての「シール」について考えてみた。紙もしくは紙のように薄くやわらかい素材で、裏が接着面になっていて貼ることができるもの。いわゆるこれが「シール」である。貼り付けることによって本来ある情報の上に新たに情報が付加されることになる。貼られた場所の情報が隠れることにもなり、情報のすり替えにもしばしば用いられる。包装紙をとめるシールのように二つのものを繋ぐときにも使われたりする。いずれにしてもシールの情報は、皮膜のような二次元上であることがほとんどである。それではシールを三次元にしてみたらどうなのだろうか、というのが私の提案である。厚みをつけることによって奥行きという情報が新たに加わるかわりに、通常シールに印刷されている文字や線をインクを使わずに空押しによる凹凸のみで表わすというものである。厚みのあるシールは、ビニール状のものやその他にもないわけではないが、それらは二次元でも成立するものにただ厚みがついたものであり、厚みに必然性のあるものを見かけたことがない。

このような考えに至ってはみたものの、通常シールは厚みがあっては困るというところに用いられるものであって、ほとんどの場合、迷惑なものになってしまう。よって厚みがついても差し支えがないと思われるホルダーファイルの背に貼るシールを考えてみた。空押しによる凹凸のみで文字や線を表現したものに加え、白紙のシール同様、自由に文字や色を入れることができるものも制作してみた。現状の紙のシールは、有害な接着剤を使用していない限り、ほとんど問題はない。ただし紙を使っていながら、紙の素材感を引き出しているものは数少ない。つい触ってみたくなるような紙のシールになってくれていれば、実験は成功なのである。

◎**佐藤卓**(さとうたく)

グラフィックデザイナー。一九五五年東京都生まれ。七九年東京芸術大学デザイン科卒業。八一年同大学院修了。株式会社電通を経て、八四年佐藤卓デザイン事務所設立、現在に至る。主な仕事に、初代ニッカ「ピュアモルト」の商品企画・商品デザイン・広告アートディレクション、大正製薬「ゼナ」、ロッテ「クールミントガム」「グリーンガム」「ミントブルー」「キシリトール」、資生堂「ノイエ」、雪印乳業「スノウブラン」、ヘネシー「ナジェーナ」等。主な受賞に、東京ADC賞、JAGDA新人賞、東京タイポディレクターズクラブ銅賞、日本パッケージデザイン大賞金賞、デザインフォーラム金賞など。東京ADC、東京TDC、JAGDA、日本デザインコミッティー、AGI会員。

写真は、「ロッテガムキシリトール」(一九九七)

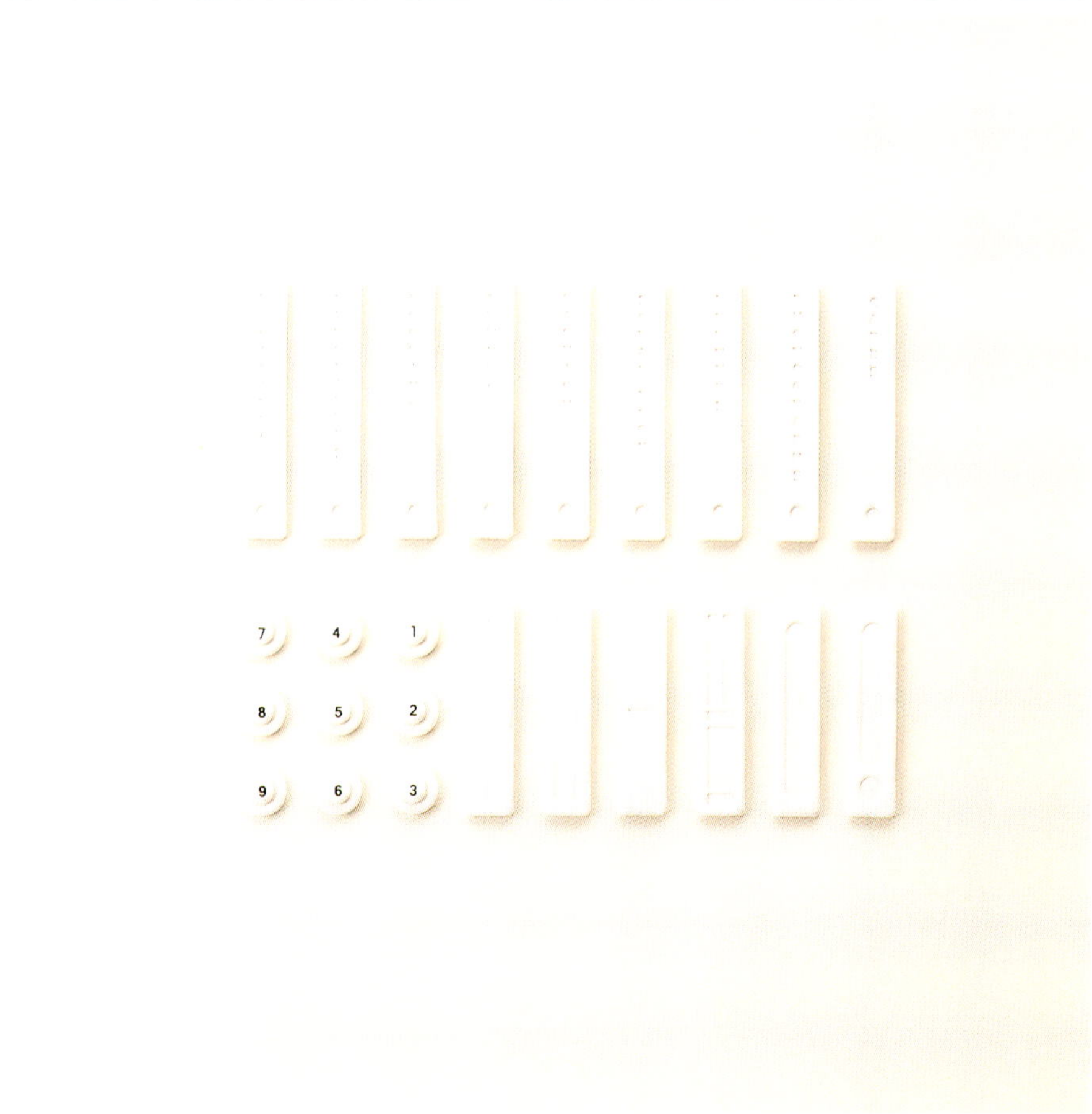

空押しされた文字と自由に記入できる型押しとの二種類。さらに、数字との組み合わせも可能。

シール・ラベル系グッズ◎佐藤卓

シール・ラベル系グッズ◎佐藤卓

テーマ

ゆうパック

回答者

田中一光

公共的な消費材は存在感が薄いせいか、普段は気にも留まらないが、量に換算すると膨大な物流がそこに潜んでいることに改めて気が付く。

従って、大量に流通するものにおける小さな変化は、総量としてとらえると巨大な変化に繋がっていくはずである。

「無印良品」の提案で、日常デザインへの真摯な視点を開いたことでも知られるグラフィックデザイナー、田中一光氏に依頼したテーマは、郵便局の「ゆうパック」一連のデザイン。

はたしていかなる問題提起をいただくことができるか。

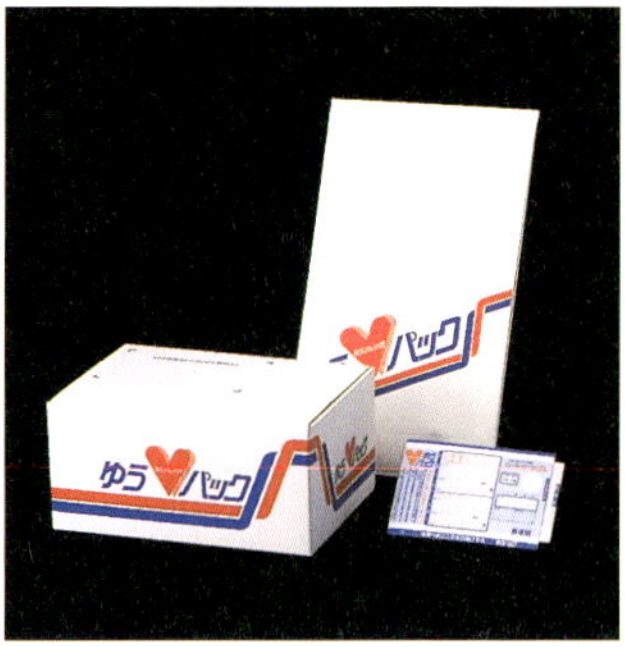

◎**商品プロフィール**

一般小包を「ゆうパック」というようになったのは、一九八七年から。一般小包とは信書以外のものを内容とする郵便物で、パッケージは箱と袋（大・小）がある。チルド、不在転送などのサービスも充実傾向にある。

◎ゆうパック制作意図

宅配便というのは、現代の社会生活をする上で、欠かせない便利なもののひとつとなっている。今回、これにどのようなデザイン的価値を与えるか、重い宿題を貰って学生のような気分になった。

問題はエコロジー、省資源の時代は包装をどう解決するかということが先決で、当然、単なるヴィジュアル・アイデンティティにとどまらない。リサイクルも含めた上で、新しい包装とそのイメージづくりが要求される。

宅配というのは、人の手から手へと渡す行為であり、もっと簡略に、たとえば風呂敷のようなものに包んで配達後持ち帰ればゴミは残らない。しかし、そのためには流通のあらゆる接点や、実践の場面に立ち会ってゆかねばならない。その点、今回のような自主提案型の展示会用の出品作品にはおのずと限界がある。

しかし、出来ることから始めなくてはならない。まず、紙どり、規格サイズを考え直して、無駄な端切れをなくするために、片面ダンボールを使い、裏面で内側にクッション性を与える。また、送り手が、送る物のサイズに合わせてフレキシブルにカットし、ムダなく包装できるように、ロール状のダンボールを使用する。

ロゴ、シンボルを表面においても、リピートした連続模様を採用し、送る物のサイズ、形によって包装後の意匠の変化が楽しめるようデザインする。印刷の版が一種類で済むこともメリットのひとつ。

さらに、テープ状のVIシールをつくり、どんな材料で包んでも、それを貼るだけで印象的なヴィジュアルになることなど、さまざまなケースにも対応できることを基本とした。一見なんでもないものだが随分と考えさせられたデザインである。

◎田中一光（たなかいっこう）

グラフィックデザイナー。一九三〇年奈良県生まれ。京都市立美術専門学校（現京都芸大）卒業。産経新聞大阪本社、日本デザインセンター等を経て、六三年田中一光デザイン室主宰。九四年ニューヨークADC殿堂入り。同年紫綬褒章受章。また、朝日賞、東京ADCグランプリ、第一回亀倉賞などを受賞。クーパー・ユニオン（ニューヨーク）、メキシコ現代美術文化センター、ミラノ市立近代美術館、富山県立近代美術館、サンパウロ現代美術館、東京国立近代美術館などで個展。著書に『田中一光　伝統と今日のデザイン』（トランスアート）、『デザインの前後左右』（白水社）など。現在東京ADC会員、JAGDA副会長、AGI会員。

写真は「サルヴァトーレ・フェラガモ展　華麗なる靴（ポスター）」（一九九八）

全面に印刷されたパターンはいかに型抜きしてもアイデンティティを保つ。無駄のない紙取りが可能。

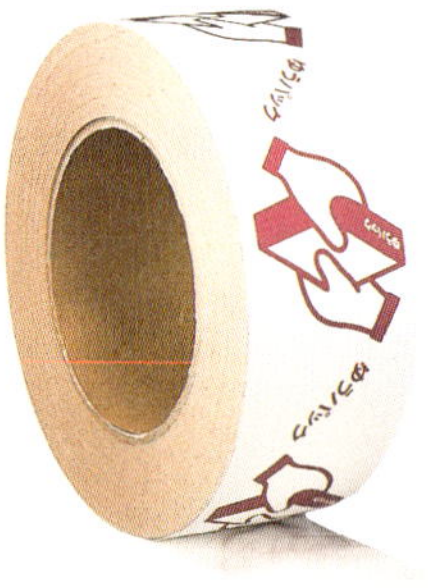

ガムテープ状のVIシール。

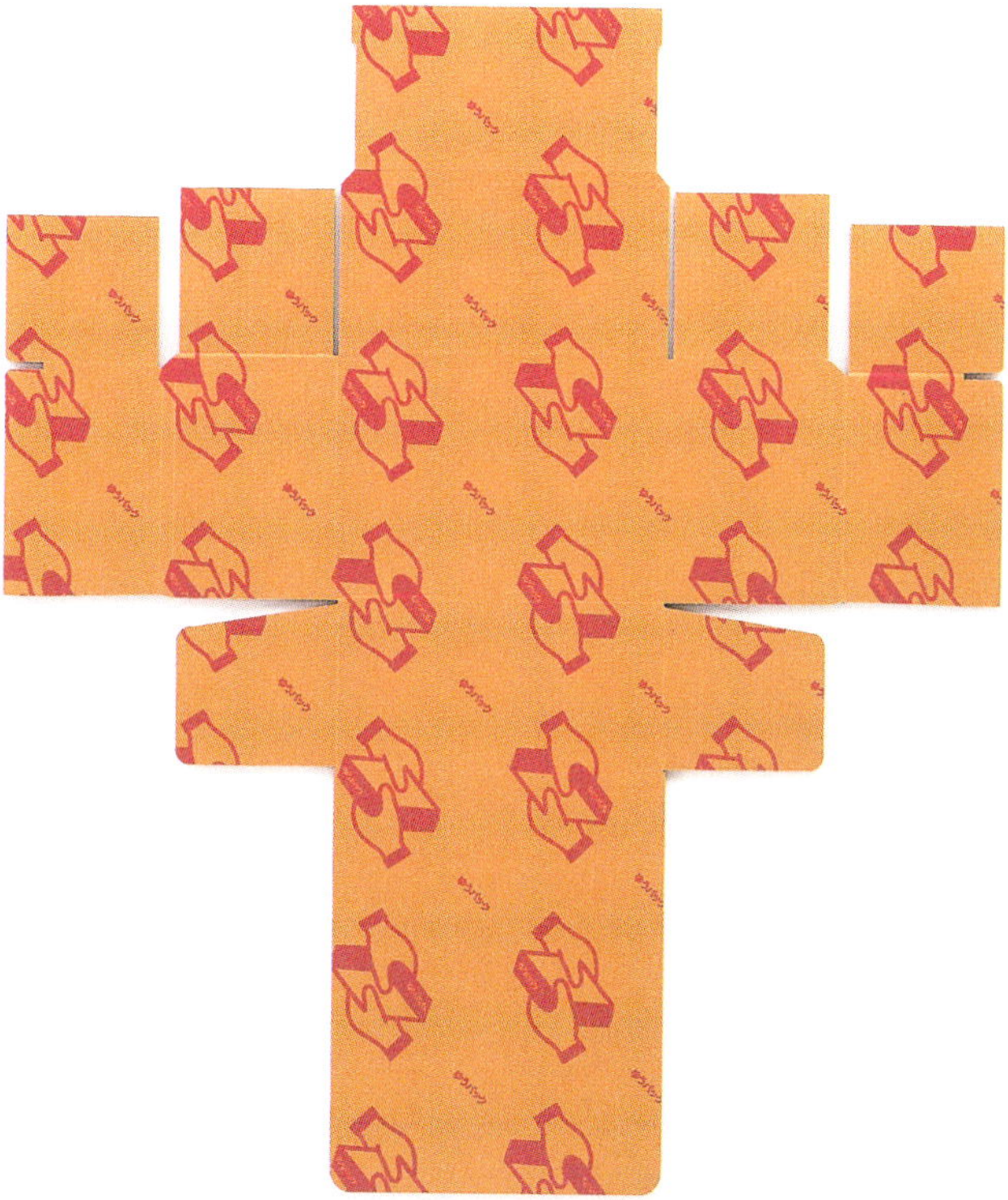

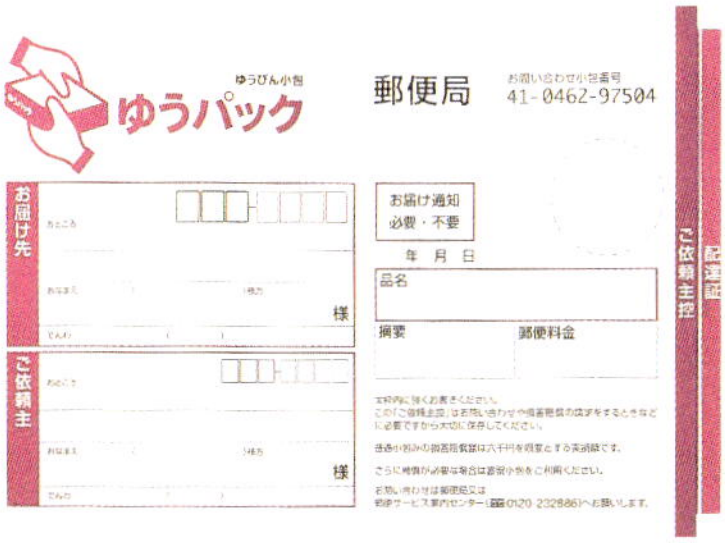

ゆうパック配送用伝票。

ゆうパック◎田中一光

ゆうパック◎田中一光

TANIGUCHI HIROKI | SUBJECT: ENVELOPE ON JAPANESE CUSTOM

テーマ

祝儀・不祝儀・ぽち袋

伝統的な慣習やならわしに、新しい考え方を取り入れることは難しい。デザイナーの現代性と、描き手としての良質な古典性を合わせ持つ、谷口広樹氏にお願いしたテーマは「祝儀袋」「不祝儀袋」「ぽち袋」である。近世の町人文化に揉まれ、育まれた粋でシンプルな小道具たちは、洒脱さを新たに掘り下げようとしない現代生活の文脈の中で、ともすると形骸化した伝統として、その輝きを失いがちである。祝儀袋に加えて、不祝儀袋という超繊細な難問も用意して、一連のテーマを現代の絵師に託した。

回答者

谷口広樹

◎商品プロフィール

結婚・出産・新築などの祝い事に現金を入れて贈るのが祝儀袋。祝儀とは本来慶事のお裾分けといった意味で、近世の町人社会で祝い事、喜び事にちなんで祝儀を出す習慣が広がった。ねぎらいの意味での祝儀も発達し、お年玉も一種の祝儀。不祝儀袋は弔い事に用いられ、水引きは白黒あるいは黄白。折り目は二度と消せないことから、封緘の意が込められている。

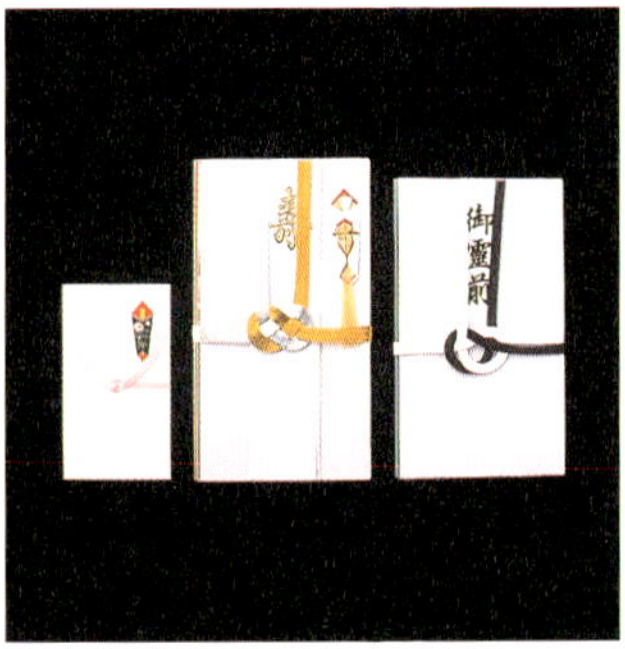

◎祝儀・不祝儀・ぽち袋制作意図

祝儀袋とは、熨斗《のし》袋のことである。熨斗とは熨斗鮑のことで、古代、鮑は重要な食物であり、祭祀など儀式用の肴に用いられてきた。が、後に永続の意に寓して、祝意を表わすようになった。四角い色紙を細長い変形した六角形に折り畳んだものに熨斗鮑(後には紙に代わった)を小さく切って張り、進物に添えたのだそうだ。

慶弔行事に使われるいわゆる日本的なもののデザインのルーツを辿ると江戸時代に遡ることが多い。江戸時代は現代の日本人が日本的だと感じるものを多く排出した。琳派という日本を代表する日本的表現の確立や、和紙の製法や木版画の技巧の発展とともに頂点を極めた浮世絵しかり。世界一と謂われる現代の日本のグラフィックデザインの質を優に超えるほどの刺激的なデザインの時代でもある。日本人の精神観を見事に捉え、何千年とつちかわれてきた日本人の感性を巧みに結晶化させた江戸時代のデザイン力には脱帽だ。

その時代に様式として確立された祝儀袋のリ・デザインだ。初め、本来の意味を追いすぎて苦しんだ。デザインに意味を持ち込んだり、意味に捕らわれたデザインはまったくつまらないと気づくまで時間がかかった。その意匠自体がアリガタク ケガレヲ キヨメ オメデタイ モノを感じさせればいい。ここでまた熨斗の本意を伝えようとすることよりも現代の暮らしに合わせた祝意のイメージを意匠化することのほうが日本のクリエイターの先達たちの表現を考えても有意義と考えた。見方を変えれば琳派は形骸化の賜《たまもの》だし、浮世絵は様式美の最たるものだが、実はそこに日本的創造の原点が見える。そんな琳派の絵師や浮世絵師たちの精神を見習いたい。彼らと同様、私の内を流れている絵師の血は、連綿と続く伝統美に敬意を表しながらも並外れた突然変異を遂げたいと脈打っているのが解る。

◎谷口広樹(たにぐちひろき)
グラフィックデザイナー。一九五七年神奈川県生まれ。八三年東京芸術大学大学院美術研究科修了。日本橋高島屋宣伝部等を経て、八五年有限会社ビセ設立。八三年第四回日本グラフィック展大賞をはじめ、八五年イラストレーター年間作家新人賞、九七年JAGDA(日本グラフィックデザイナー協会)新人賞ほか受賞。個展、グループ展、イベントなど多数開催参加。グラフィックデザインに留まらず、絵画や店舗などの建築空間に到るまでジャンルにとらわれることなく表現の場を行き来する。作品集に『芒格札(まんぐざ)の庭』(光琳社出版)がある。現在、東京工芸大学助教授、東京イラストレーターズ・ソサエティ理事、東京タイポディレクターズクラブ会員、日本グラフィックデザイナー協会会員。写真は、「長野オリンピック開会式プログラム(イラストレーション)」(一九九八)

SUBJECT: **ENVELOPE ON JAPANESE CUSTOM**

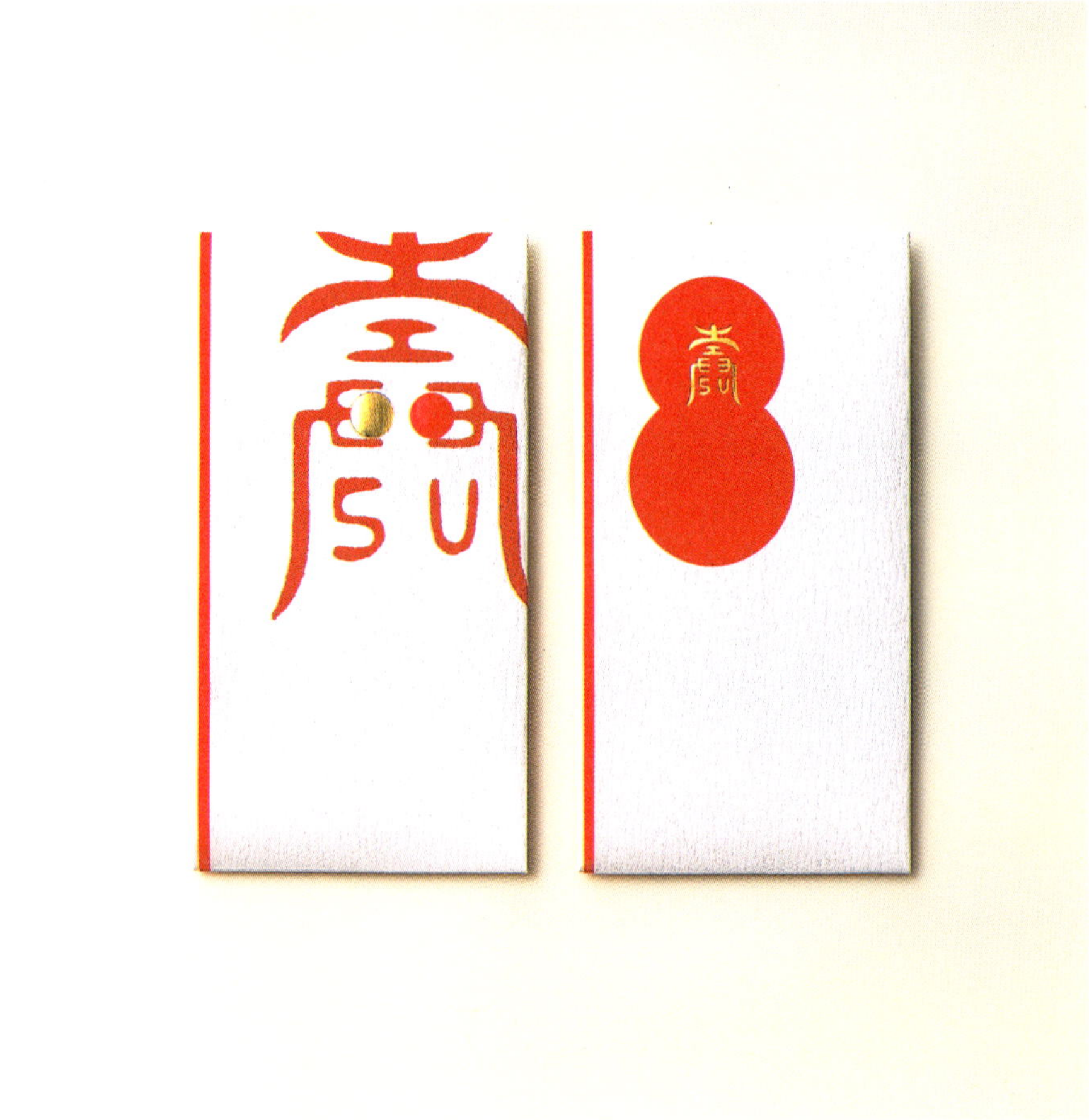

祝儀・不祝儀・ぽち袋◎谷口広樹

| SUBJECT: **ENVELOPE ON JAPANESE CUSTOM**

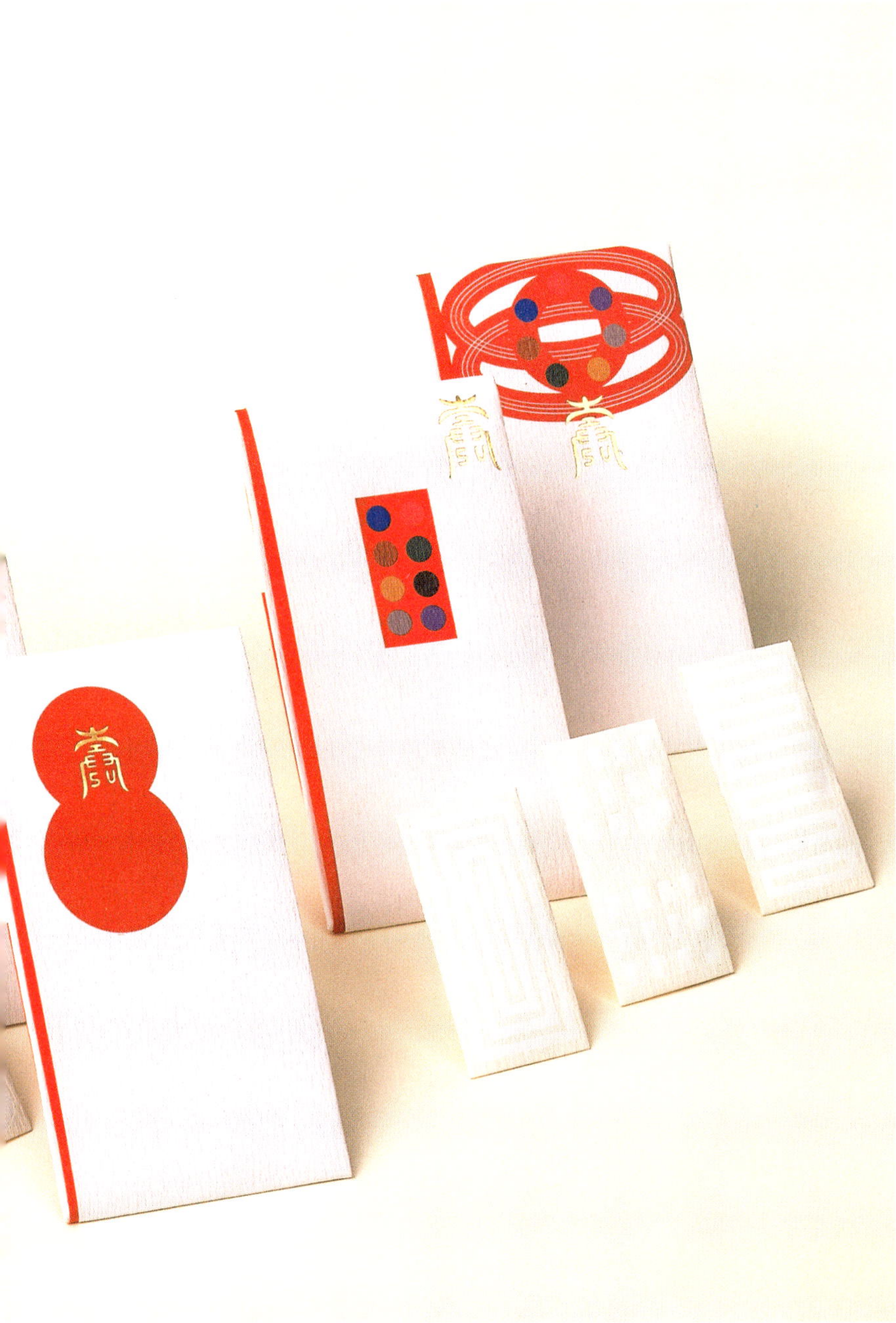

祝儀・不祝儀・ぽち袋◎谷口広樹

RE DESIGN-008

FUJII TAMOTSU

SUBJECT: POSTCARD

テーマ

絵葉書

回答者

藤井保

日本の東西南北のはずれの離島を訪ね、自然と人為の交差する風景を、藤井保氏は撮影し続けた。一九九九年にその仕事は、「ニライカナイ」(南西諸島の信仰で現世とは別の異境、極楽が海の彼方にあるという概念)と題された写真集として上梓された。

「離島絵葉書」というテーマはその写真集が発端である。打ち合わせの段階で、「捨てられない絵葉書」をつくりたいという藤井氏の思いから、しっかりとしたフォト・マウントのようなフレームが浮かび上がり、そのフレーム自体が、絵葉書のデザインとして発展しはじめた。

◎商品プロフィール

最初の絵葉書は風景を印刷したもので、チューリッヒのJ.H.ロシャーの手になるものといわれている。当時のヨーロッパでは絵葉書は蒐集の対象で、制作の中心はドイツだったという。一九〇二年、イギリスで初めて裏面を二分した絵葉書が許可され、他国もこれに続いた。日本では一九〇〇年に私製葉書の発行が認められ、日露戦争で絵葉書ブームがピークになる。

◎絵葉書制作意図

僕は現在、絵葉書が嫌いではない。

旅先のショップや美術館などでポストカードに目を通すことは半ば習慣化している。しかし僕は長い間、この絵葉書を侮辱してきた。「これでは、まるで絵葉書だネ」という表現はほめ言葉ではなく、通俗的、定型的映像の代名詞として使われ、僕も何度となく口にしたことがあるし、写真家には自分が撮った写真が大きく扱われることを喜ぶという短絡指向もあるので、ビルボードやポスターなどに比べれば葉書はあまりにも小さい。しかし長い間写真を職業としてきて、通俗や定型の中にこそ、物事の真理や永久の美がひっそりと輝いていることや、小さい物ほど大切に何度も見ることに気がついてきた。

僕は最近、日本の四方向に位置する離島を取材して島に残る原風景と人が住む故に生まれていく人工物との接点を見つめ、写真集『ニライカナイ』にまとめました。「離島の寂しさは、人が住む故の寂しさですネ」と評してくれた人がいました。自分が対峙した世界を親しい人や他の人と共有したい思いは誰にでもあります。

この「離島絵葉書」は旅先で撮ったポラロイド写真とか、「1 hour photo」でプリントした写真をマウントに貼り付ければ出来上がるオリジナルプリントであって、これを送られた親しい人たちはすぐに捨てたりせずに長く保存鑑賞していただきたい。使い捨て絵葉書から永久保存版絵葉書であり、そうなれば、僕も紙も幸福です。

◎**藤井保**（ふじいたもつ）
写真家。一九四九年島根県大田市生まれ。七〇年写真専門学校卒。七二年大阪宣伝研究所写真部入社。七六年独立して上京、藤井保写真事務所開設、現在に至る。ADC賞、APA賞、朝日広告賞、カンヌ国際広告フィルムフェスタ銀賞、ニューヨークADC賞など受賞多数。主な写真集に八六年『ふる里の写真館』（朝日出版社）、九六年『ESUMI』（リトルモア）、九六年『色について語ってはいけない』（幻冬舎）、九九年『ニライカナイ』（リトルモア）ほか。ギャラリーG8、Semina Rerum（チューリッヒ）、アークヒルズクラブほかで個展開催。

写真は、『ニライカナイ』（一九九九）

写真をはじめとする、旅先で得た小さな映像の断片を挟んで郵送する。
ポスト面には日本地図か世界地図がエンボスされており、発信地をマーキングできる。

絵葉書◎藤井保

上は、4×5ポラロイド写真サイズ。ポスト面のエンボスは世界地図。

絵葉書◎藤井保

ちょっと首を傾けるだけで世界は変わる

座談会

柏木博 Kashiwagi Hiroshi
深澤直人 Fukasawa Naoto
原研哉（司会） Hara Kenya

原——柏木さんは『二十世紀をつくった日用品』という本をお書きになってますね。

柏木——二十世紀に使われているものの中には十九世紀につくられたものもありますが、二十世紀の生活を支えている日用品を集めたら面白いんじゃないかなと思ったんです。日常使っている自然言語としての言葉ではなくて、日用品、人工物、そういったものが発しているさまざまな意味というのがあると思うんですね。そういう意味を読み取ることで、二十世紀の生活というのはいったい何だったんだろうかということが見えてくると面白いんですよ。

原——二十世紀の初頭、つまり、モダンデザインという考え方が芽生えた頃には、デザインを統合していく高次の観点として建築があって都市が掲げられていた。しかし、今は逆に都市とか建築の視点ではものが見えなくなってきてしまっていて、建築を含めたあらゆるものは情報に置き換えられて流通するようになった。情報の流路が社会の骨格となった今では、生活の質を見る観点としては、日常的なところにむしろ細かく分け入っていくほうがずっとリアルじゃないかという気がする。そういう意味で柏木さんの著書の着眼点をとても面白く感じたんです。

一方で、深澤さんは新宿のリビングセンターOZONEで、企業の若手のプロダクト

◎柏木博（かしわぎひろし）
デザイン評論家／武蔵野美術大学教授。一九四六年生まれ。武蔵野美術大学卒業。思想理論を基盤として、インダストリアルデザインから都市・テクノロジーまで幅広く論じる。主な著書に『日用品のデザイン思想』（晶文社）、『ユートピアの夢』（未来社）、『デザインの20世紀』（NHK出版）、『家事の政治学』（青土社）など。

◎深澤直人（ふかさわなおと）
プロダクトデザイナー。二〇四頁参照。

デザイナーたちと、日常のほとんど見過ごすような微かな感覚の中に新しいデザインの提案をする「without thought」という展覧会をされていました。とても静かな展覧会なんだけれども、印象的な提案を含んでいて……。

深澤――「without thought」というタイトルは、ちょっと日本語には置き換えにくい言葉なんですけれど、これは使う人の側の考え方で、ものを使う人はそのもののことは考えないで使うんだという意味です。だからこそ、デザイナー側はよほど考えなければならないというわけなんですね。人間はもっと複合的な感覚でものを感じ取っているんじゃないか。しかし、そこのところを僕らデザイナーは意外と気づいていない。そこらへんを考えたら全然違うものができるんじゃないか、と思うんです。

たとえば、別の対談でも話が出たんですけれど、今、女の子が履いている厚底靴。履いたことがないからわからないけれど、履いてみたらきっと違う世界が見えるはずなんですよ。自分たちは非常に狭いところで考えすぎていて、アイデアが出てこないのではないか。今、携帯電話というのは「ケイタイ」と言って、「携帯電話」って言わないんですよね。なぜかというと、「ケイタイ」って情報機器だから。iモードになると、かけている人が二〇%で、読んでいる人が八〇%と聞いたことがある。電話をかけながら歩くことが今まではできたけれど、画面を見なきゃいけないとなると移動できなくなる。でも移動したい。で、彼らは盲人用の凹凸があるプレートがありますよね、そこを歩くんですよ。自然に発生する行為。つまり環境が人間の行為を変えちゃったという一つのいい例だと思うんですね。一つの新しいデザインというか機能が、人間の習慣を変えていくというところが面白い。

原――今、ベーシックなところでテクノロジーの深度がすごく増していると思う

◎柏木博著『二〇世紀をつくった日用品 ゼム・クリップからプレハブまで』（一九九八／晶文社）。近代の意味を中心に、人工物の意味を問いただす、いわば「人工物博物館カタログ」。

◎展覧会「without thought」に出品されたもの。壁に取り付けたCDプレイヤーは換気扇のようにも見える。紐を引くと音が流れるが、音で風を感じ、風が音になっているようにも感じる。デザイン＝深澤直人（IDEO JAPAN）。写真＝佐々木英豊。（一九九九）

んですけれども、それを日常的な生活レベルで応用する部分がまだ未開拓として膨大に残っているんですよね。そのあたりに知恵を使っていかないと、デザインがテクノロジーに追いついていかないという気がしますね。

深澤——そのとおりですね。「without thought」という言葉をつくったそもそものきっかけは、「アンコンシャスネス(無意識)」というかな、こうやって僕が今話しているということは、頭で考えて話しているんですけれど、話しながら足とか触ってたりするわけですよ。そうすると足と触っている手はちゃんと別の何かを感じているということに気づいたところにあったんです。

日用品というのはたぶんそういうことで、意識しないことのほうが多いんじゃないか。そこのところを見ることができなければ、本当の人間のリアリティが見えないんじゃないかと思う。自分の中で解釈したフィルターを通した幻想的なところしか見られないから、デザインがすごく幻想的になり生活感がないものになってしまう。よく事例に出すんですけれど、電車の吊り革の形なんて、毎日触っている人でもその形を覚えていない。中央線は丸くて、日比谷線は三角でとか、よくわからない。僕も忘れちゃっているんですけど、でもある日突然違う形になったときに、あれっと思う。そういう頭を使わないところでの意識を引っ張ってくるというのが面白いと思うんです。優れた日用品というのは、そういうことを考えているものだから残ってきているんじゃないかな、と思いますね。

原——深澤さんの話を聞いていると、見えにくかったデザインが、やっとその姿を現わしてくるような感じがしますね。

柏木——僕らの五感とか記憶とか、そういうものが改めて再編されているような感じ

◎展覧会「without thought」には、さまざまな企業内デザイナーが参加した。これは瓶に、爪にマニキュアを塗るときに指を差し込む穴が開いているマニキュアと除光液。デザイン=池場千世(資生堂)。写真=佐々木英豊。(一九九九)

がしますよね。今まで自明のこととされていた、触覚のもつ記憶とか、その記憶はある思考と関わっているとかいうようなことが、実はあるとき突然、もっと再編できるんだとはっきりわかったわけです。エレクトロニクスが入り込んできた段階で、それがずいぶん変わったような感じがします。見ることや聞くことや触ることがもう一度考え直され、組み合わせが変えられていく必要があるんじゃないか。そこのところにひょっとすると僕らがほとんど意識してこなかった、自明としてきた問題があって、組み替えてみると、「あっ、実はこういうことだったんじゃないのか」ということがあるような気がするんですね。そこのところに、今、深澤さんが言ってるようなデザインの問題が入り込んできているという感じがしますね。

深澤――そうですね。ですからそれを見つけると、今までのデザインというものと全然違ってくる。まだ膨大なアイデアの源泉があるんです。どこか全然違うところからトレンドを引っ張ってきているわけじゃなくて、そこに存在しているものなんで、ただそこを見ればいいだけなんですよね。だからすごく楽なことだと僕は思う。すぐそこにある大きな価値の泉への扉を誰かが叩けばいいだけの話なんですよ。

原――五感なんて簡単にいうけれども、五感が連繫する広大な感覚の世界のほんの入口にデザインはたたずんでいるにすぎないわけで、それがおそらく二十一世紀に開発されていくんじゃないかなという気がするんですよね。そのあたりの、とてもデリケートな感覚への傾倒がおそらくデザインの新しい潮流をつくっていきそうな気がします。

それと日本はデザインに関して、とくにモダニズム以降はイニシアティヴを取れなかったような感じがあるわけですね。しかし一億という人口を持った単一文化圏が、

◎傘立ての底のスクリーンは外の天気を映し出している。人が天気を知る情報は水たまりの中の水滴の数や路面に写る影の輪郭だったりする(展覧会「without thought」より)。デザイン＝河崎圭吾(NECデザイン)。写真＝佐々木英豊。(一九九九)

ある意味では先端的な生活をいっせいに始めているという点で、日本は特別です。そういうところには必ずオリジナルで新しいデザインが生まれてくるはずです。そういう意味では、グローバルというよりもむしろドメスティックを掘り下げたほうが面白くなっていくと思うんです。

深澤——ドメスティックとは、その人の生きている環境ということだと思うんです。国の違いとかそういうことではない。今まで人間があって環境があるという考え方でものづくりをしていて、一方的なんですよね。でも、さっきの携帯電話の話もそうなんですが、環境が変わると人間が変わって、また人間が変わると環境が変わってという相互作用の中で全体が動いている。まず日常品のなかでヒントを見つける、意識しない感覚を見つける、という努力の中でやらなければいけないのは、人間があって環境があるという、その境をまず取ることではないかと感じるんです。その境目、もっと物理的にいうと自分の身体と周りの空気の境目がどこにあるかということを考えなきゃいけないというようなところにくるんですけれど、それは結構むずかしいことで、実は追いかけていくとないんですよね、その境って。

だからそこの環境で必ず生まれる空気なり、ものというのがやっぱりあると思うんで、その全体をしっかり考えていくことが、ある一つの日本という塊としてとらえられたりするのではないでしょうか。もともと日本のデザインは、環境とかと調和したものの中で存在していたのが、戦後になくなってしまったのかもしれないですけれどね。

柏木——歴史から考えてみると、モダンデザインはインターナショナリズム、あるいはユニヴァーサリズムだとかいう理念を掲げたわけです。言語、宗教、人種によって共通性を見いだすのではなく、インターナショナルに成立するものを持ちたい、あるいは普遍的なものをつくっていきたいという理想があったんだと思うんですよ。たとえば建物の屋根の形をフラットルーフにして、アジアであれ、アメリカであれ、ヨーロッパであれ、どこでも成立するようなデザインにするんだということにしちゃう。あるいは書体でも、セリフを取ってサンセリフにすると、イタリアであれ、フランスであれ、アメリカであれ、アジアであれ、どこでも成立する。そういう普遍性みたいなものを目指したんだと思うんですね。

しかしながら、文化の一元性というのは論理矛盾だと思うんです。文化というのはあくまでも差異によって成立しているというのが一方で原則としてあるわけです。つねに環境や人の、あるいは年齢など、さまざまな違いによって文化のあり方というのが違う。そういう矛盾を含んでいたにもかかわらず、理想主義が文化の一元化を目指したというところがあると思うんですね。

もう一つは、これが普遍であると言ってしまったときに、その普遍性の中に入らない人間は普遍的ではない人間だ、要するに周縁的な人間であるという排除の原理が働くという、そういう避けがたい矛盾があったんだと思うんですね。その解決を考えたのがポストモダンだったと思うんですけれど、実際にはそれを解決する方向には向かなかった。単に機械的に差異をつくることになったり、その文化や人間の問題に目を向けずに、生産性のレベルで差異をどんどん増幅させていた。それが八〇年代のポストモダン〝現象〟だと思うんです。

深澤――普遍項を探しだすということは、どこかで誰かがつくってくれたある普遍性に対して自分もそこに参画していけばデザインができるという誤解を生んでいるような気もしますよね。それが大半のデザイナーの中に存在しているんじゃないかな。だから環境とか自分の生活の中から考え出すということよりも、どこかに確固たるデザインの一つのグローバライゼーションとか国際性みたいなものがあって、それを見つける自分の感度が自分のデザインの才能であるというふうな誤解を生んでいると思う。みんなそこに追従していくから、もともとの骨子を理解していないで、ただスタイリング的なことをやって、拡散していくという時代が続いていると思うんですよね。

学生を教えていてもそういうものを求めている。デザインを束ねている何かがあると思っている。それをぬぐい去るのは結構たいへんなことで、今までのデザイン教育の中でもなんかそういうものがあるし。

原——文化を理解するという意味で、普遍項で文化を乗り越えていくというふうな発想がずっとあったと思うんですね。たとえば英語を学習するとか、そういう抽象的なグローバルな言語を獲得して、お互い抽象度を一歩あげたところで付き合っていくというのがグローバルという発想の基本のイメージとしてあるというような気がするんですけれども、むしろ底辺の文化が底辺のままに接合していって、そこの軋轢でもってよその文化を理解していくというのが、おそらく今後のグローバルなんじゃないかと思います。

じゃあそこに普遍がないのかというと、きっとあると思うんです。人間だということでね。だから絵に描いた正方形みたいな普遍的なフレームで括っていくんじゃなくて、さっき言ったドメスティックな中にぐっと入り込んでいって、その小さな差異の意味をクローズアップするということの中に共感があるみたいな、そういうふうなものになっていくような気がしますけれどね。

深澤——それはやっぱり人間ということでしょうね。人間自体はそんなに変わらないから。

柏木——デザインは人々が行なっている生活に対して、どうすれば生活しやすいかというある種の処方を与えているんだと思うんですよ。医者もそうだと思うんです。病が生じると一応患者を診るということになるわけですけれど、近代的な見方だと、ある病気にかかると基本的に全部同じだというふうになりますよね。ところが今同じ病気で、一応病名は一緒だけれど症状はみんな違う、と。そうすると一人一人処方の仕方が違ってくるかもしれないという段階に入り込んできたわけです。それを考えてみると、やはりデザインというものも一つ一つ生活の場面で、あるいは環境のあり方とか、年齢のあり方とか、そういうことによってプレスクリプション(処方箋)の書き方が違うかもしれないという感じがするんですよね。

深澤——それはデザイナーにとっては大きな責任ですね。医者もある種の専門医がそこだけ診ていればいいというのが結局もう頭打ちになってきてしまっていて、その人のメンタルな部分までも全部面倒みなきゃいけないということになってきている。結局デザイナーもそういうことでしょうね。その精神的な関わりということ自体も、医者だけでなくてデザイナーの部分でもすごく重要ですよね。

たとえばあるガン細胞を治すために、一つの別の媒体を埋め込んで、そこを治療させるというような対処療法が西洋医学では発達していたけれど、ある部分だけに対処すると他の部分に障害を与えることがあるわけです。やっぱりその全体を考えるということはすごくむずかしいのかな。それを考えられないとデザイナーとしてやっていけないんじゃないかなと思うんですけれど。

原――ただ、医療と違って誰にでもわかりやすい形として机の上にポンと置けちゃう批評性というのはデザインの強みのひとつですよね。

深澤――そうですね。生活感ってもっと、知らず知らず人がやってしまうようなことじゃないですか。そこを見ないと面白くない。「あ、そうだよね」という共有するマインドをつくりだすということがやっぱり面白いなと。それって結構問題点の中に多く発生してきますよね。たとえばティーバッグでもちょっと色が濃すぎて渋いなと。もう色が濃いというときに自分の舌は渋みを感じてたりするわけじゃないですか。その濃さをなんか表現できればいいなと思いますけれども。

原――それは利用者にとって教育的効果があるデザインということですか。

深澤――そうなんですよ。今までのデザインというのは時間の中で固定されているんですよね。つまり販売目的に対する選択肢であって、生活と関係ないから止まってしまっている。本当は生活の中でお茶を飲むときでないとその価値がわからないはずなものを、ショーウインドウの中で見せることはむずかしいと思うんですね。

柏木――これは素朴な意見ですけれど、初等教育の中でデザインの教育っていうのはほとんどされてないですよね、日本では。たとえば、どんなことでもいいんですけれど、家からいろんな瓶とか蓋とか集めてこいと言ってやると、全部互換性がきくというのは何なのかとかわかりますよね。美術のほうはまだ教育をやっているわけですよ。音楽もやっている。ところが日常使っているものとか見ているものに関しては、ほとんど基礎的な教育というのは全然行なわれていないので、それを考える手だてというか、きっかけというか、そういうものが全然ないんじゃないかと思うんですね。

昔、家庭科というのがあったけど、家庭科の中では限度があるような気がするんですね。せいぜいウールだとかナイロンだとかの素材を知るくらいで、それ以上のものはあんまりない。デザインに関する教育というのはほとんど行なわれていない。

深澤——世界中そうかもしれませんが、ある種のカテゴライズをしてしまって、そこでクリエイトしようということが基準になっちゃうと思うんですよね。

原——デザインというと、すぐ色や形から入っちゃったりとか……。たとえばマンホールの蓋なんて、なぜマンホールの蓋は丸いのか、四角だと落っこっちゃうでしょう、みたいな、そのへんのところにデザインの入口があるわけです。そのへんのことが基礎教育のどこかで押さえられていると、生活する側のキャパシティが全然変わって、おのずと社会のデザインの質が変わってくるんですけれどね。

深澤——僕もいま一週間に一回だけ大学で教えているんですけれど、いわゆるスキルを学ばせるにはとても時間が足りないんで、一つのあるものに対してどのくらいそこに込められた別の要因があるかということを探し出そうということをやっているんですよ。

スーパーでくれるビニール袋があるでしょう。そこに込められた生活がどれくらい見えるかというのをやっていて、結構、面白いんです。たとえばある学生は、そのビニール袋にイタリアンレストランのテーブルクロスのパターンを印刷する。それが弁当屋の袋なんです。それを膝に敷いて弁当を食べるんですよ。なんか素敵じゃないですか。それってただ普通のグラフィックを描いただけだけれど、その中に別の要因をはめ込んでいるわけですね。そういうものをいかにたくさん見つけることができるかということをやると学生はすごく喜ぶんです。機能がどうだとか、ちょっと広くしたほうが

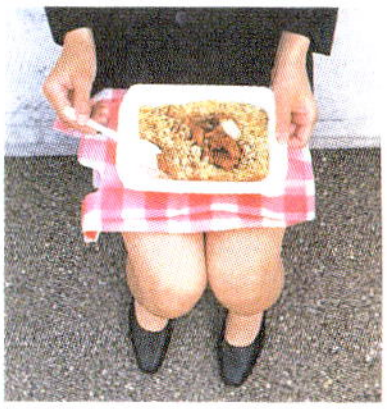

◎弁当屋のショッピングバッグがイタリアンレストランのチェックのテーブルクロスの柄になっている。学生にはショッピングバッグに込められた生活をデザインするという課題を与えた。これはその回答のひとつ。デザイン＝藤井博之（多摩美術大学生産デザイン科学生）。（一九九九）

いいとか長いほうがいいとかということがデザイン教育だと思っちゃっているから。それだけじゃないんですよ。

原――多義的ですよね。だからものとしてのプライマリーなファンクションが多様にあって、その中から使う人が何を取り出してくるかということで、セカンダリー・ファンクションというのが規定される。その関数のようなものがおそらくデザインなんでしょうが、その関数を一義的に固定しすぎるところに落とし穴があって、そのへんを全部フリーにしておくというような感じなんだと思うな。たとえば庖丁のグリップ、あるいはドライバーのグリップなんていうのは、西洋のものだと「握る」というファンクションを一義的に決定しすぎるから、なんか辛いんですよね。そのへん日本の庖丁にはグリップがない。そこに遊びがあって、想像の余地が、プレーンなまま残されているというのが非常に多義的なんですが。

深澤――そういうことをやっていると、デザイナーというものの存在は消えていきますよね。それをつくっているデザイナーの意思というのはね。ある人がクリエイトしていたとしても、使う人が使っているときにそれを意識する必要はないんです。自然の中に溶け込むというのが結局、環境と人間がうまく融合したというところに行き着くんじゃないかなと思う。

今まで「この形は握りやすい」から誰々が考えたデザインだと思っていたわけですから、デザイナーはそこになにかを込めようとしますよね。しかしそれは日常と関係ないところだったりする。まあそれがデザインの価値だったりすることは否定できないんです。かつてずっとそうだったわけですから。だからその一つとしては言い切れないけれど、デザイナーの静かな存在、それが素敵なことだと思うんですけれどね。

原――いずれにしても、なんとなくモダニズムが消費されつくしたような言われ方をするけれども、そこから掘り下げる部分というのはまだだいぶありそうだなという気がしますね。

深澤――ありますね。なんかこう、ほんとに首なんてちょっと傾げただけで結構いろいろ世界は変わるもんだと最近思いますよ。すごい限られた環境のなかでしか生きてないんですよ、人間って。ほんとにどこも見てない。だから面白いですよ。いわゆる都会の道路の上の情報を見ていても、ものすごくいろんなことが見つかりますよね。たとえばタバコの吸殻とか鳥の糞とか、人間はちゃんとルートをつくってそれをよけたり、情報源になっているじゃないですか。普通は見ないですよね。でもどこかで感じてはいる。その感じを捉えられれば、いい意味で誘導することができると思いますね。

原――首をちょっと傾けるだけで世界は変わる、というのはなかなかいい言葉ですね。どうもありがとうございました。

［一九九九年十二月二十七日／朝日新聞社有楽町マリオン会議室にて収録］

RE DESIGN-009

ONUKI TAKUYA
SUBJECT: **PACKAGE OF CIGARETTES**

テーマ

タバコのパッケージ

日清カップヌードルやペプシ・コーラなど、広告コミュニケーションや商品企画の領域で、常に注目を集める仕事を発表し続けている大貫卓也氏のテーマはタバコのパッケージである。

ふさわしいテーマを探し当てるための交渉の過程で、大貫氏のほうから「タバコ」というテーマが出てきた。タバコ製造メーカーはパッケージを通してどんなふうに愛煙家をサポートできるか、という大貫氏の明解な着眼点に注目したい。

回答者

大貫卓也

◎商品プロフィール

三大メーカーと中小メーカーがしのぎを削った江戸時代を経て、一九〇四年完全専売制となり、四九年日本専売公社が発足。六八年にはチャコール・フィルターをつけた日本独自の製品「セブンスター」が登場。七七年発売の「マイルドセブン」は、味のマイルド化の潮流にのって、七九年にはトップ銘柄に。八五年、日本たばこ産業株式会社発足後も、「マイルドセブン」はトップ銘柄でありつづける。

◎タバコのパッケージ制作意図

近頃の強力なタバコバッシングの中で、自分はマナーを守って正しい愛煙家になりたい、そう思っている人は確実に増えているはずです。ところが、タバコが吸える場所が減る中で、その規制が少ない屋外でタバコを吸う機会が増えているのも事実ではないでしょうか。

さて、その吸いたいと思う時に、必ずその場所に灰皿があるわけではありません。ここがとても重要なところなんです。灰皿の所在を確認してからタバコを吸えば良いということなんでしょうが、現実はタバコを吸ったあとに灰皿を探すというのが、屋外での愛煙家の自然な順序なんです、たぶん。それくらいタバコの習慣性っていうのは強力なわけです。タバコを吸う人がみんな喜んで町にゴミを捨てたいと思っているわけではありません。さすがにタバコをシブイ顔で吸って地面にポイと捨てて踏みつけるのがカッコイイ大人というような時代は遠い昔の話です。携帯灰皿というものもありますが、これをいつでも持ち歩くというのも、なかなか難易度が高い。ガムを捨てるために、いつでも紙を持っていなさい、というくらい難しい。要はタバコと灰皿がバラバラに存在するのが問題なわけです。

じゃあタバコと灰皿がいつも同居していればいいではないか。そう考えたわけです。ガムと同じで、一つの商品としてそこまで完結していなければいけないのではないか、と思うのです。タバコをポイ捨てする人って、クツで踏んだり、押しつけたりして火を消している。それって多少の罪の意識があるってことだと思います。そういう人はきっとこのパッケージによって、ポイ捨てをしなくなると思います。タバコが生き残っていく中で、最低限こんな工夫をすべきではないでしょうか。

◎大貫卓也（おおぬきたくや）
アートディレクター。一九五八年東京都生まれ。八〇年多摩美術大学グラフィックデザイン科卒。同年博報堂入社、第二制作室勤務。九三年退社後、大貫デザイン設立。九二年には日清カップヌードルのCM「hungry?」でカンヌ国際広告映画祭グランプリ受賞。その他の仕事に豊島園、ラフォーレ原宿、ペプシ・コーラなど多数。その他の主な受賞に、ADC最高賞（一九八七）、ADC会員賞（一九八九、九一、九三〜九九）、ADC会員最高賞（一九九〇、九二）ほか多数。
写真は、「ペプシマン」（一九九九〜）

パッケージ基本型。素材はアルミラミネート。

封印シールをはずすと、簡易灰皿が。中央部の切れ込みは灰皿を折り曲げてふたをするための工夫。灰皿の中心部には針金が仕込まれており、折り曲げた部分を安定させる。

タバコのパッケージ◎大貫卓也

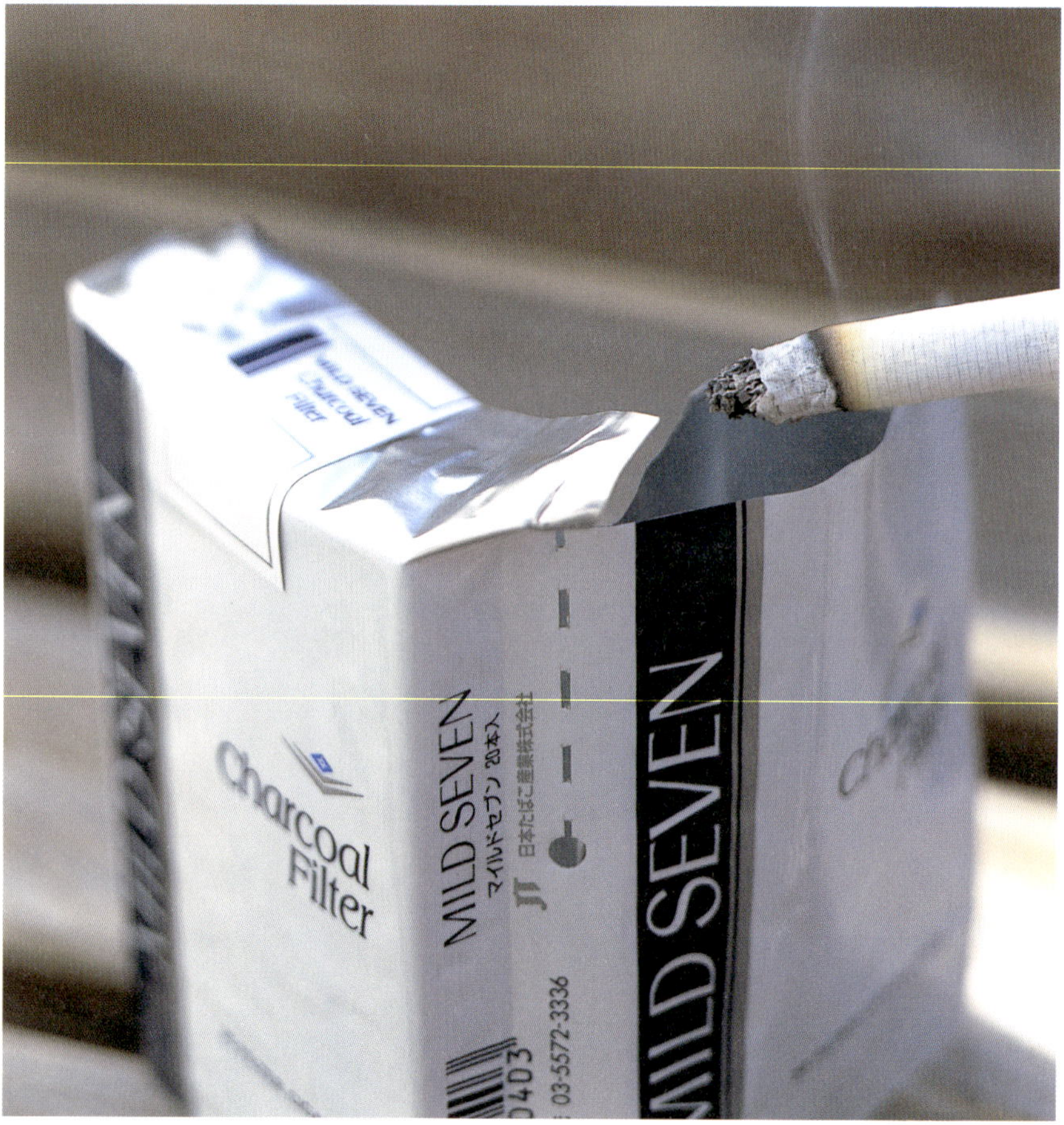
MILD SEVEN
Charcoal Filter
マイルドセブン 20本入
JT 日本たばこ産業株式会社
03-5572-3336
MILD SEVEN

灰皿に収納された吸いがら。灰皿部分にはカンガルーのキャラクターが。

タバコのパッケージ◎大貫卓也

テーマ

名刺

「超芸術トマソン」や「老人力」を発想する赤瀬川原平氏の場合、
すでに日常に対する独特の視点をお持ちなので、
テーマの設定が難問であった。
したがって、当初よりテーマを決めないで、
もっぱら赤瀬川氏との電話による対話、雑談でテーマを探した。
当初は「二〇〇〇円札」「一九八〇円札」などという、
赤瀬川氏の実績や新札導入といった時宜に即したテーマも浮かんでいたが、
パロディになってしまう、という理由で消滅した。
紆余曲折した結果として、
二つの名前を持つご自身の名刺をリ・デザインすることになった。

回答者

赤瀬川原平

◎商品プロフィール

西洋では、十七世紀から十八世紀にかけて、トランプのカードの裏に氏名を書いて名刺として用いることがあった。十八世紀の中頃には縁に装飾模様を印刷し、氏名は中央の余白に手書きで記入した。日本では十九世紀初期には氏名だけを手書きした和紙の名刺が使われていたと考えられており、印刷した名刺は西洋からの伝播で、幕末頃に外国人と接する役人が使用したのが始まり。

◎名刺制作意図

自分は自由業で長年やっているので、名刺はなくてもすんでしまう。自分から新しい関係を開拓するということがそんなにないからである。でも世間では盛んに名刺のやりとりが行なわれている。そういう世間に多少でも接触すると、どどっと名刺が増える。増えても自分にはまず役に立たない。その場限りの関係で、ただ儀礼的にもらう名刺がほとんどである。でも儀礼となると、もらうだけで自分が返さないのが悪い気になってきて、自分の名刺もつくってみたが、どうも空しい。

でもふつう儀礼の現場では、挨拶されたら挨拶を返すもので、そうなってしまった以上は、郷に入っては郷に従えではないけれど、名刺があるに越したことはない。面倒がない。つまり貴重な人生を名刺ごときにかかずらっていたくないために簡単に名刺をつくる。

でもやはり名刺は名刺で、簡単にといっても結局はふつうに名刺をつくるのと同じ手間はかかるものだが、でもその簡便さをあらわせないか。

つまりその場限りで、でもこれは儀礼ですからお渡しします、でもそれだけのもんですから、これが終わったら紙資源として、回収の日に出してください。

というような感じにならぬものかと、名刺を薄くしてキリトリ線で繋げた。渡すときは財布から出して、ビッとちぎってお渡しする。

仕事上名刺が複数あるような人は、二列三列とつくっておけば、その減り方によって自分の名刺の必要度もわかる。

以上の意図をもって試作したが、案外使い勝手は面白いのではないかと思う。

◎赤瀬川原平（あかせがわげんぺい）
画家／作家。一九三七年神奈川県生まれ。六〇年代に参加した「ネオ・ダダ・オルガナイザーズ」や、高松次郎、中西夏之らと結成した「ハイレッド・センター」を通じて、前衛芸術の先駆的活動を行なう。その後、画家・イラストレーターとして活躍する一方、尾辻克彦のペンネームで作家活動も開始。八一年、『父が消えた』（文藝春秋）で第八四回芥川賞受賞。主な著書に、『超芸術トマソン』『東京ミキサー計画』（ちくま文庫）、『老人とカメラ—散歩の愉しみ』（実業之日本社）、『老人力』『老人力2』（筑摩書房）、『優柔不断術』（毎日新聞社）、『奥の細道』（日本経済新聞社）ほか多数。
写真は、『わかってきました。』（二〇〇〇）、『老人力』（一九九八）、『ニャーンズ・コレクション』（一九九九）

赤瀬川原平
〒一〇七・四七四九
東京都港区白金台九丁目九
電話〇三・四五六七・八九一二
赤瀬川原平
〒一〇七・四七四九
東京都港区白金台九丁目九
電話〇三・四五六七・八九一二
尾辻克彦
〒一〇七・四七四九
東京都港区白金台九丁目九
電話〇三・四五六七・八九一二
尾辻克彦
〒一〇七・四七四九
東京都港区白金台九丁目九
電話〇三・四五六七・八九一二
尾辻克彦
〒一〇七・四七四九
東京都港区白金台九丁目九
電話〇三・四五六七・八九一二
尾辻克彦
〒一〇七・四七四九
東京都港区白金台九丁目九
電話〇三・四五六七・八九一二

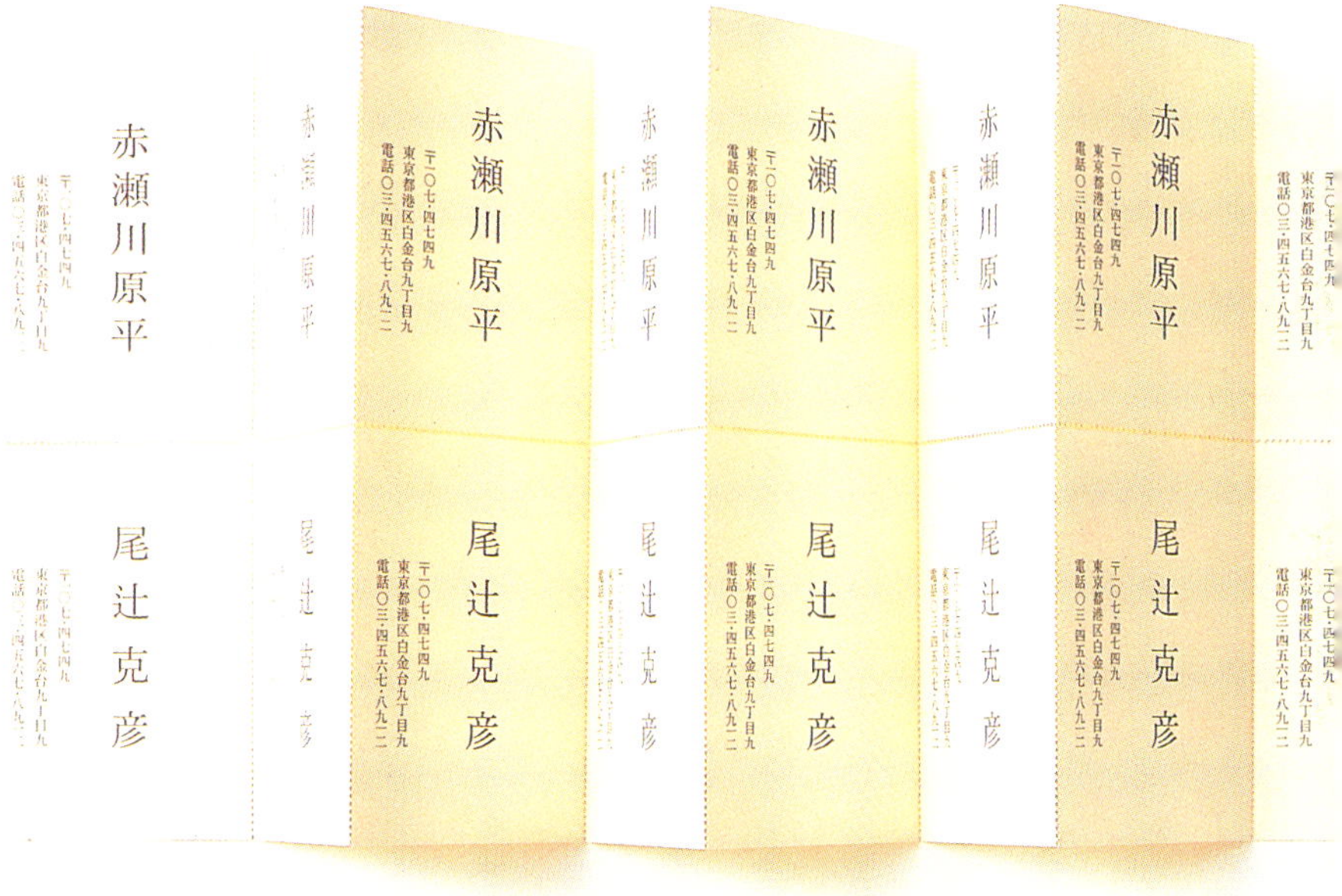
赤瀬川原平
〒一〇七・四七四九
東京都港区白金台九丁目九
電話〇三・四五六七・八九一二
尾辻克彦
〒一〇七・四七四九
東京都港区白金台九丁目九
電話〇三・四五六七・八九一二

名刺◎赤瀬川原平

テーマ

切手・消印

手紙をタイポグラフィデザインに見立てるならば、そこに記される文字に風格を与える役割を果たすのが切手であり、書における落款と同じく、そこに成就感を与えるものが消印である。電子メールとは異なる役割に、手紙は特化していくことが想像される中で、日本の美意識を手紙の風姿に見つけ直すこともまた、二十一世紀の日常デザインの課題かもしれない。そこで、アジアのタイポグラフィについて常に考えをめぐらし、自ら書の実践にいそしみ、日本タイポディレクターズクラブの会長を勤める浅葉克己氏にこの役割を引き受けていただいた。

回答者

浅葉克己

◎商品プロフィール

郵便切手が初めて発行されたのは、一八四〇年のイギリス。最初の切手は「Penny Black」と呼ばれるヴィクトリア女王の肖像を入れた一ペニー切手で、ハサミで切って使用した。日本最初の切手は四種(四十八文、百文、二百文、五百文)で、和紙に竜の文様の切手だったため、俗に「竜切手」と呼ばれている。一九九九年現在、一円から千円まで、五十七種類が販売されている。

◎切手・消印制作意図

普通の切手は何か絵柄があって、通信運搬代の価値が呈示されている。ファックスやEメールが発達している現在、手紙ほどもらって嬉しいものはない。仕事ならファックスやEメールで済んでしまうが、心の深いところを伝えるには、やはり手紙が一番だ。手紙を出すには切手が必要だ。よく海外から絵ハガキを出そうと思う時は、まず郵便局へ飛んで行って大量の切手を買ってくるのが特技の一つだといつも思っている。

今回の切手のデザインは、楷書でただ「六〇円」と呈示した。世の中ますます楷書を書ける人が少なくなり、そば屋や料理屋のビラメニューの筆文字がきたなくなり、せっかくの料理もうまく見えない。店主は書道教室に通い、楷書を習うべきだと思う。

僕が本格的に書道をやろうと志をたてて六年の月日が流れた。ほとんど毎日書いた。海外へも書道道具一式入るカバンを用意してホテルの一室で墨を摺り、半紙に唐代の名書家、褚《ちょ》遂《ず》良《りょう》の雁塔聖教序を臨書している。書かれた半紙を見たメイドさんは、怪しい客だと思うだろう。褚遂良が雁塔聖教序を書いたのは五十八歳。貞観十九(六四五)年一月七日、三蔵法師こと玄奘(六〇二―六六四)は十七年に及ぶインド遊学を終え、経論六五七部を携えて唐の都長安に帰ってきた。ただちに翻訳を開始。翌年七月、インド、西域における見聞録を完成した。唐の太宗は国家事業として、これを後援、現在でもこの碑は西安に残っている。触ってみたいと思い西安の大慈恩寺に行ってみたが鍵がかかっていて、見るだけだった。師の石川九楊氏は、臨書をするときは、書かれたものより、拓本になったものを手本にせよと言う。なぜだろうか。ノミの彫り跡の強さを筆に取り入れろということなのだろうか。筆触は思考するという意味の強いところは、このへんに潜んでいるのだろう。今回の六〇円切手もはじめ筆で描き、それを細い面相筆で書きおこした。手書き拓本なのだ。

◎浅葉克己(あさばかつみ)
アートディレクター。一九四〇年神奈川県生まれ。ライトパブリシティを経て、七五年浅葉克己デザイン室を設立。サントリー、西武百貨店、セゾングループ、日清カップヌードル、タケダ薬品、アステル東京など数々の広告を手掛ける一方で、年一回文字を訪ねる旅を敢行。中国奥地で、地球最後の生きている象形文字、ナシ族トンバ文字に遭遇し、初の個展を開いて以来、世界各地で拾得した文字を精力的に作品化している。東京ADC委員、東京タイポディレクターズクラブ会長、JAGDA理事、日本卓球協会評議員・国際委員。六五年の日宣美特選を皮きりに、毎日デザイン賞、日本宣伝賞、山名賞、ADC会員賞、第十九回日本アカデミー賞最優秀美術賞(映画「写楽」)など受賞多数。写真は、日本・モンゴル友好二十五周年記念切手(二〇〇〇)

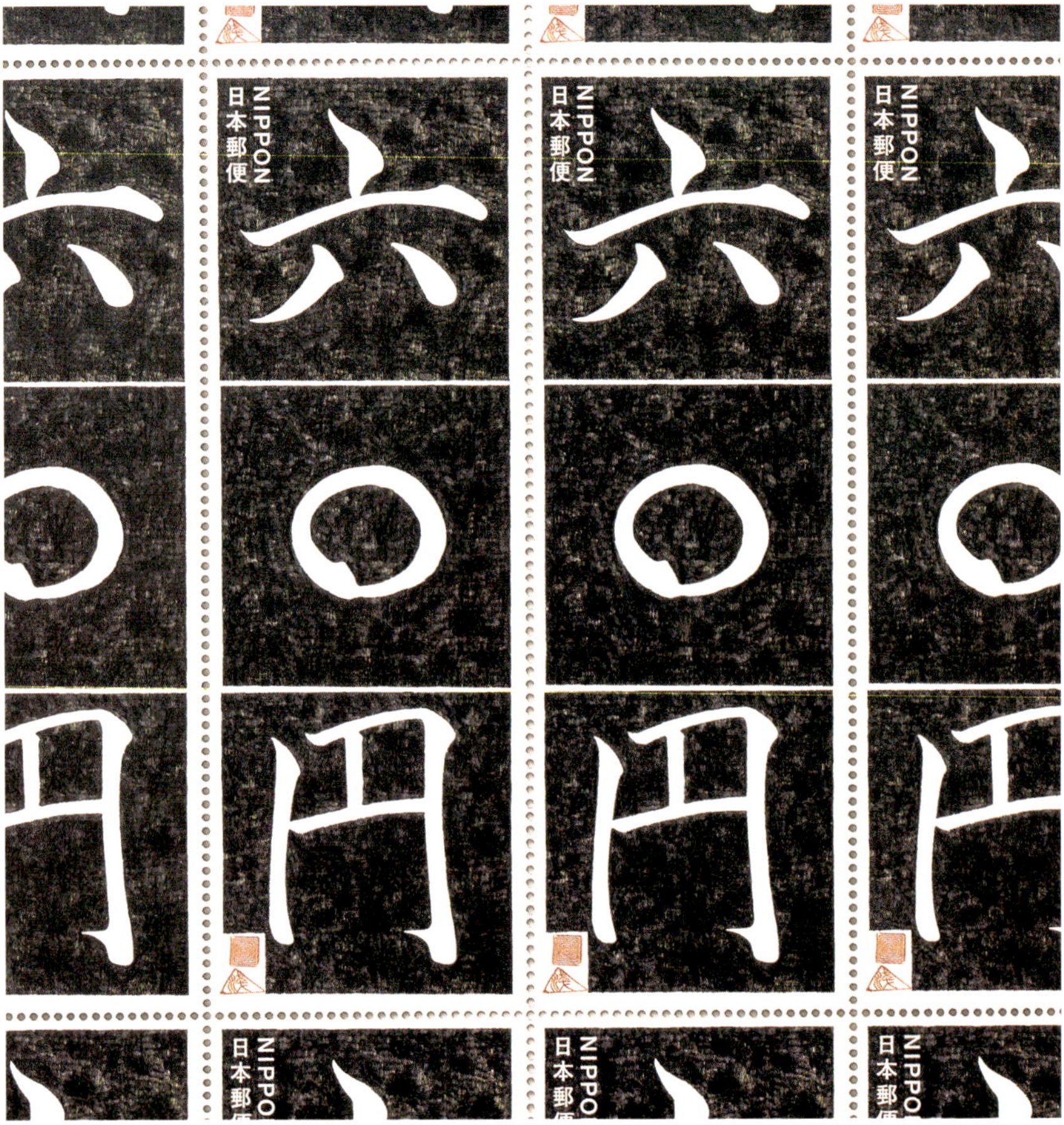
NIPPON
日本郵便
六
〇
円

見本品

切手・消印◎浅葉克己

見本品

切手・消印◎浅葉克己

テーマ

おむつ

人の尊厳と、ものを使用する満足感。
老人用の紙おむつを眺めた時に、不足していると感じる点である。
観察してみると、紙おむつという製品は、ハイテクの結晶のようなもので、
そのパーツ一つ一つにはそれぞれに特許が張り付いているのだそうだ。
従って、機能の点では優れたものが開発されてきているが、
人間とデザインの観点から眺めるともう少し別の問題が浮かび上がってくる。
「ファイナルホーム」という服飾ブランドの中で、
人間と衣服の関係に新しい次元を見つけようとする試みを続ける服飾デザイナー
津村耕佑氏に、率直にこのあたりの問題を問いかけてみた。
津村氏の返事は、
老人や子どもという区別なく、この問いを考えてみるというものであった。

回答者

津村耕佑

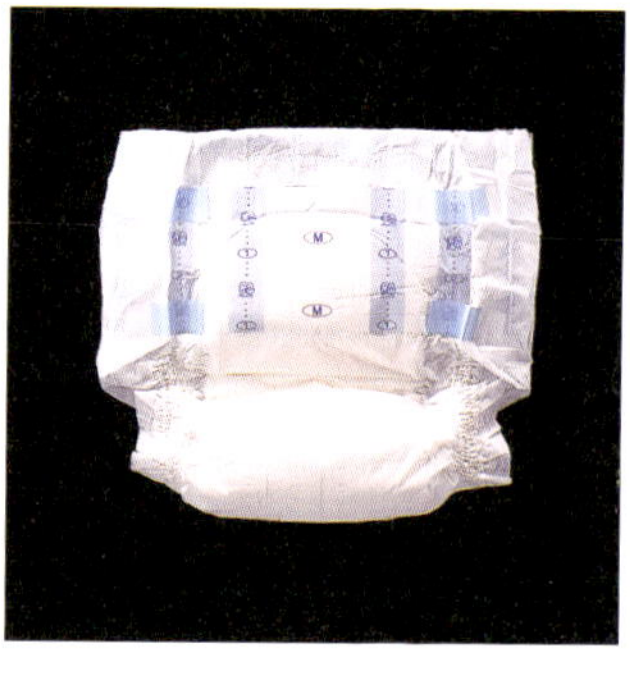

◎商品プロフィール
直接肌に触れる部分に不織布、外側に防水紙が使用された現在の紙おむつに近い構造と機能をもった最初の本格的おむつは、一九六三年に発売。八三年高分子吸水材が採用されたことで、紙おむつのコンパクト化や装着感の向上などの面で大きな進歩を遂げた。現在、各社独自の生産技術の粋をつくした高性能紙おむつは赤ちゃん用、大人用ともにパンツ型が主流となりつつある。

◎おむつ(UNDER PAPER)制作意図

UNDER PAPERは下着の下着です。

襟ぐり、袖ぐりにペーパーリブを使用した不織布のTシャツ、タンクトップ。ウエストにペーパーリブを使用した不織布のトランクス型おむつ。内側をおむつにすることで、おむつからイメージされる赤ちゃんぽさを消すことができました。ウエストにペーパーリブを使用した不織布のブリーフ。

UNDER PAPERは、素材の厚さを変えることで、吸収力や強度に対して段階的な対応ができると思います。

また、プリントを入れる、起毛する、消臭機能をつけるなど、ファッション面での展開も可能だと思います。

試作品には、分泌物に対する仮のプロテクトレベルを明記してあります。

◎津村耕佑(つむらこうすけ)

ファッションデザイナー。一九五九年埼玉県生まれ。八二年第五十二回装苑賞受賞。八三年三宅デザイン事務所入社。九二年第二十二回現代日本美術展準大賞受賞。九六年より「KOSUKE TSUMURA」と「FINAL HOME」を立ち上げる。同年よりパリコレクション、東京コレクションに参加。同年、第十二回毎日ファッション大賞新人賞、資生堂奨励賞受賞。九六年、三宅デザイン事務所より(株)エイ・ネットに所属変更。デザインのみならずアート活動やアーティストとのコラボレーションなど精力的に活動を展開している。

写真は、津村耕佑展「ファイナル・ホーム・プロジェクト」(一九九五)

トランクス型にすることで、オムツのもつ赤ちゃんぽいイメージを払拭。ファッション性を付加したことで、オムツを着けているという引け目を感じさせない。

上は透過光による写真。中央の陰に見える部分に高分子素材による吸水機能が装着されている。
次ページはバリエーション展開。汗などの分泌物を吸いとる機能を持ったウェア一式が提案されている。

おむつ◎津村耕佑

おむつ◎津村耕佑

テーマ

ボウリングスコア・グラフィックス

ボウリングスコア・グラフィックスとは、ボウリングの点数をモニターに表示する装置の、ソフトウエアのことである。かつてはスコア用紙に鉛筆で、プレイヤー自身が記入していたのであるが、いつの間にか自動化された。ゲーム終了時にボタンを押すと、スコア表がプリントアウトされる。これら一連のデザインに工夫があると、ゲームの楽しさも変わるはずだ。そういう問題を、インタラクティヴ・メディアで活躍する、松本弦人氏に担当していただいた。新しいメディアで鍛えたエンターテインメントへの機敏な瞬発力が、はたしてどんな回答を見つけ出すのか。

回答者

松本弦人

◎商品プロフィール

ボウリング場が手書きのスコアからオートマティックスコアラーになったのは、一九六二年頃から。現在ではボウリング場の九〇%近くが導入している。ボウリングは六〇年代から、高度成長によるレジャー発展により日本で大ブームとなり、各地にボウリング場が乱立。その後氷河期を経て、子どもから大人まで楽しめるレジャーとして本格的に定着したといえる。

◎ボウリングスコア・グラフィックス制作意図

ＡＩチェスが「絶対まけない方法」を見つけちゃったように、
デザインアシストツールが、とりあえず「悪くないデザイン」を提供してる。
「立川ボウル」でバイトしてる武蔵美《むさび》の学生、いんや、立川高校出身の正社員がさ、
するでしょ、デザイン。自分とこのボウリング場の「スコア表」の。
ってか、もうしてんの?
「立川」や「ボウリング」を知らないデザイナーが、
「悪くないデザイン」だけで「そのスコア表」に対抗できなくなってる。たぶん。

「リ・デザイン　身の回りのもの」ってことだけど、ムツカシーね、これ。
「ほらっ、ポップでしょ」なんてつもりは毛頭ないのに、
大抵そんな安易な答えしか思いつかんのよね。
やっぱ、完成されてるのよ、たいてい。
オリベッティに問い合わせたら、「スコア表は、みなさん出来合いです」
「ほとんど見られていないので」って。
ソーイやそーだ。ぜんぜん見ねーや。スコア表なんて。
そんな、「いらなさ加減」にまでも現場の研ぎすまされたカンと経験が、
行き届いてるんだろうね。なんつって。
なんで、「ボウリングが終わって少なくとも三十分はもつスコア表」ってのが、
今回のテーマっつったらテーマで、
ここんとこしばらくのオイラのテーマは「悪いかも！なデザイン」ってことかな。

◎松本弦人（まつもとげんと）
グラフィックデザイナー。一九六一年東京都生まれ。八三年桑沢デザイン研究所卒業。九〇年株式会社サルブルネイ設立。広告、書籍、映像、デジタルメディアのアートディレクションを多数手がける。「Pop Up Computer」で、マルチメディアグランプリ、I.D.Design Distinction Award '96など多数受賞。その他の受賞に、「グラフィックゴミ袋」でADC賞、「Jungle Park」でAMD Award '96 Best Visual Designer賞など。九七年に初の作品集『松本弦人の仕事と周辺』を上梓。現在「Nintendo64ゲームを製作中。
写真は、「日本ゼロ年」展（水戸芸術館現代美術センター）カタログ（一九九九）

スペア、あるいはストライクを取ると、隠されていた映像が、少しずつ見えてくる。

撮影協力＝東京エースレーン

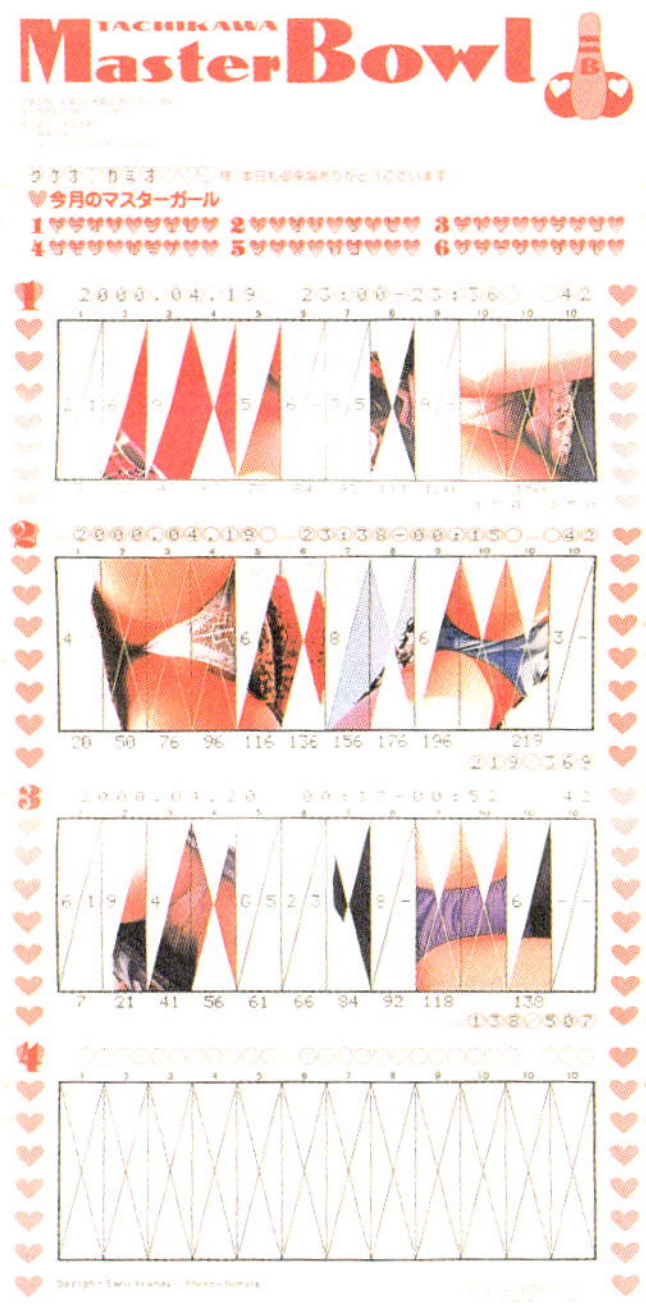

プリントアウトされたスコア表。同じストライクでも、ダブルやターキーを取ると、見える映像の面積が拡大する。

ボウリングスコア・グラフィックス◎松本弦人

テーマ

小学一年生の国語教科書

教科書をテーマとする以上は、表面の問題だけではなく、中身も考えたい。
つまり、装丁や、レイアウトの問題もさることながら、
どのようなアプローチで、学習内容を見せるか、という点も問題にしたい。
小学一年生の国語教科書の場合は、
言葉に接する最初のステップをデザインすることになる。
これは難問であると同時に、大変な力仕事を要求することになる。
祖父江慎氏から寄せられた回答は、数見開きにも及ぶ綿密なもので、
日本の言葉に、子どもたちが触れていく道筋を見事に示し直すものだった。

回答者

祖父江慎

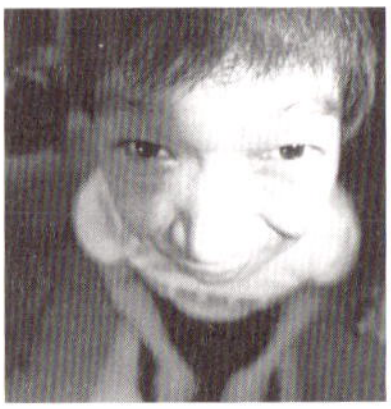

◎商品プロフィール
一八九〇(明治二十三)年には「教育に関する勅語」が出され、国家の教育の基本が示された。一九〇三年には、文部省が小学校の教科書を決め、小学一年生の学習は、発音を正確にするという狙いから、カタカナで一字ずつ教えている。一九一〇年の教科書では、再び「タコ」「サクラ」といった単語重視の方針に変わり、現在も基本的にはこの方式が踏襲されている。

◎小学一年の国語教科書制作意図

一年生が実際に使っている「こくご」の教科書の文章って、他の国の人が書いた日本語みたいな味わいです。日本語のことを日本語で教えるためでしょうか、何だか変で、おもしろいです。で、さらに文字が「教科書体」。この書体で文章を読む機会は、日常あまりないので、不思議な気持ちになります。もちろん不思議はステキなことです。だけど、教科書が、もっと生活に近づいてもいいのではないかしら。そんなことを思いながらつくってました。

街の看板や商品には、さまざまな形の文字やロゴが氾濫してます。逆に個人の文字は、ワープロなどで規格化され、退屈になってきているように思われます。文字の形は、個人の筆跡から離れ、企業やデザイナーに依存しはじめているようです。体からどんどん離れていく!……たとえ悪筆であったとしても、メッセンジャーの息吹きってほしいです。字を書く、おしゃべりをする。たとえその内容がたいしたものじゃなかったとしても、筆跡や声の調子やスピード、密度で、伝えられることって大切じゃないかなと思います。正しい文字や言葉、伝え方のノウハウを勉強することも大事ですが、誰が誰に何を、どんな時にどう伝えるかということを、体と密着して学べる教科書があればいいですね。

今回の「きょうかしょ　こくご」で、はたしてそれがうまくできたかというと、まだまだ全然なんです。手紙、電話でのやりとり。物語の快感、作文の楽しさ。いい文章、へたな文字の味わい。先生やお友だちとの話しかた。言葉を使わないコミュニケーションなどなど。チャレンジしてみたいことがらが多く残ってしまいました。

そういえば、僕は子どもの頃、「そ」の字と「ふ」の字には、書く字「そ・ふ」と読む字「そ・ふ」の二つの字があるものだとばかり思いこんでいました。これって「シ」と「ツ」や、「ン」と「ソ」と「リ」、「か」と「や」を間違えるより困った思いちがいでしょうか?

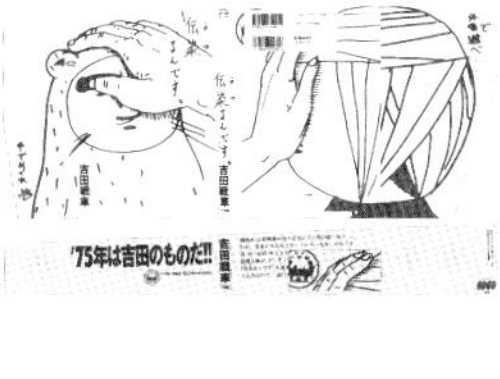

◎祖父江慎(そぶえしん)
エディトリアルデザイナー。一九五九年愛知県生まれ。愛知県立旭丘高校美術科卒業、多摩美術大学グラフィックデザイン科中退。九〇年、コズフィッシュ設立、主宰。八三年第四回日本グラフィック展入選。九三年『神のちから』(小学館)、九六年『そういうふうにできている』(新潮社)で造本装幀コンクールに入選。九七年『杉浦茂マンガ館』(筑摩書房)で講談社ブックデザイン賞受賞。
写真は、吉田戦車『伝染るんです。①』(小学館)のカバーと表紙＊乱丁本仕様(一九九〇)

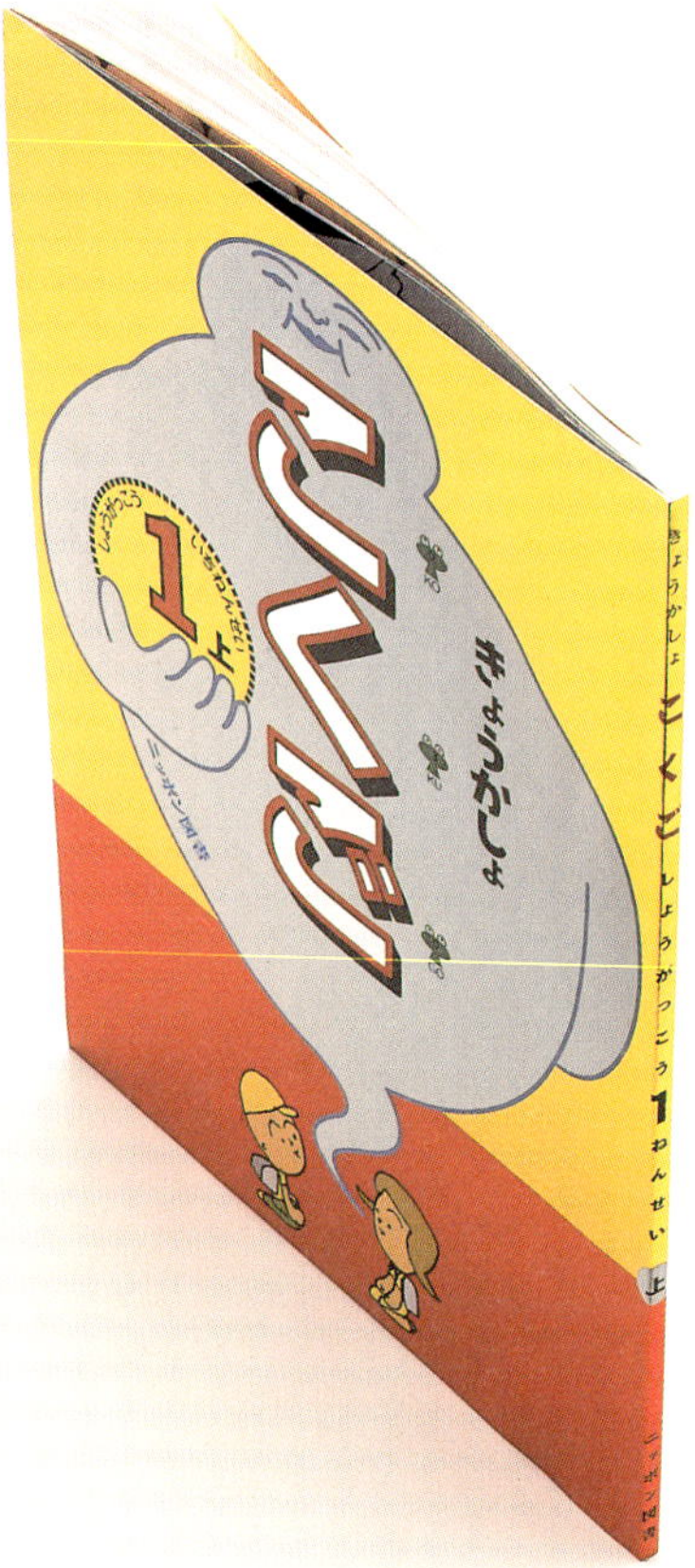

言葉と子どものコミュニケーションを重視した構成。言葉の仕組みを自然に体得できるような流れになっている。

導入部は、世界の言葉の中から日本の言葉「にほんご」を見出すという道筋が仕組まれている。

小学一年生の国語教科書◎祖父江慎

上は、あいうえおの覚え方を歌のようなリズムのいい言葉の並びで、下は、ひらがなの書き順を色を用いて表示している。

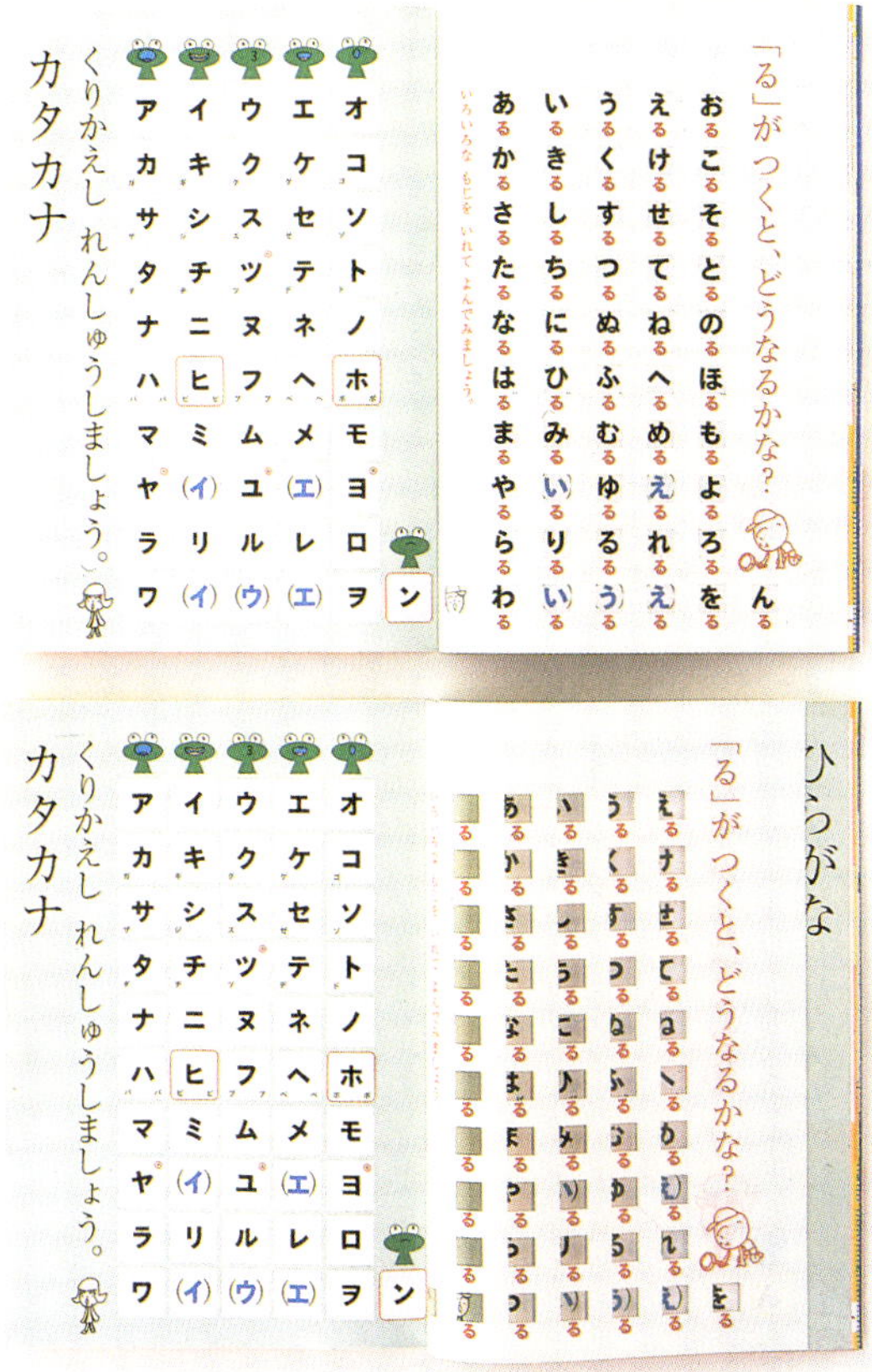

透明シート「る」カードを用いて「あいうえお」を動詞に変換。たとえば「あ」行ならば、「ある」「いる」「うる」「える」「おる」という具合に。

回答者

アラン・チャン

テーマ

朝日新聞

かつて私たちの先輩デザイナーは新聞紙面のデザイン提案を行なったという。
それは手の切れるようなシャープで美しいデザインだったが、
編集上の習慣や、読み易さなど、諸々の理由で実現しなかったのだそうだ。
したがって、新聞紙面のデザインはタブーなのだと考えていたが、
アラン・チャン氏の話を聞いて考えが変わった。
彼は香港の『信報』という新聞の紙面構成を手がけたことがあり、
同じ時期に韓国の『國民日報』を担当して成功しているという。
韓国語は分からないそうだが、逆に大胆にデザインできるらしい。
なるほど、そういう考え方もある、と納得しつつ、
試しに日本の新聞をデザインしていただけないか、とたずねると
アラン・チャン氏は二つ返事で了解してくれたのである。

朝日新聞
介護保険スタート控え自治体
「介護手当」見直す動き
廃止・減額
財政難も一因
国民銀が不透明融資
90億円、不十分な担保

◎商品プロフィール
朝日新聞は一八七九(明治十二)年、大坂で第一号を刊行。紙面は小型四頁、総ふりがな、絵入りで定価一銭。一日平均部数は約千部。八八(明治二十一)年には東京に進出。活字の自社鋳造や記者の欧米派遣、輪転機の導入など次々と新機軸を打ち出してきた。題字は唐の書家欧陽詢の筆跡から作字したもの。現在発行部数は朝刊、夕刊を合わせて千三百万部強。

◎朝日新聞制作意図

私が初めて新聞を手掛けたのは一九九七年、香港の『信報』で新しい紙面構成とタイトルをデザインしました。同年、韓国の新聞、『國民日報』も、まったく新しい新聞のイメージをつくってくれないかと言ってきましたので、私たちはタイトル部分だけでなく、見出しや紙面構成も新たにつくりなおしました。リニューアルされた『國民日報』は一九九八年初頭の発行から六か月で、韓国国内での発行部数が八位から一気に三位まで上昇する大成功をおさめ、クライアントからは再び、一九九七年発行の『スポーツ・トゥデイ』と二〇〇〇年発行の『ファイナンシャル・ニュース』という新聞二紙の創刊デザインも発注されることになりました。

「リ・デザイン」は当初から魅力的な企画だと思っていました。日本は変化を必要としていますが、変化とは価値の転換であり、最も慣習的な様相をもつ部分から始めることが必要です。今回のテーマをいただいて、私は迷うことなく即座に、挑戦してみよう、それなら日本の著名な新聞である朝日新聞でやってみよう、と決断したのです。

全体のデザインの目的は朝日新聞に現代的で同時代的なイメージを導入することでした。新しいタイトル部分は、オリエンタルな風合いをもちながらも現代的な感覚で「桜」の精神を表わしています。レイアウトは読者が読みやすさを心掛け、端にはインデックスをつけました。記事部分は日付けが目立つよう配置しました。読者の方々、主にスケジュールびっしりのビジネスマンは新聞をすみずみまで読む時間がないでしょうから、その日までの事件や事実を素早く簡単に見つけ出すことができるようにしたのです。また、罫線やパステルカラーを使用し、ソフトで人間的なイメージで統一しています。

◎アラン・チャン
グラフィックデザイナー。一九五〇年香港生まれ。広告代理店勤務後、独学でデザインを学び、一九八〇年ALAN CHAN DESIGN Co.を設立。CI、パッケージデザイン、プロダクトデザインなど幅広い領域の仕事を手がける。ニューヨークADC、東京TDCなど、内外で五百以上の賞を受賞。作品のテーマは東洋と西洋の文化の融合であり、同時に伝統的な中国のアートと文化を新たな観点から見直し、グラフィックの文化的アイデンティティのあり方に着目した活動を展開している。最近では、一九九九年九月、東京・丸の内の「Marunouchi Cafe」のトータルプロデュース、「MR. CHAN TEA」(キリンビバレッジ)のパッケージデザインなどを手がけている。
写真は、「MR. CHAN TEA」(一九九九)

もともと朝日新聞の題字は唐の書家欧陽詢の筆跡から作字したもの。文字はそのまま使用し、組み方を横組に。

朝日新聞◎アラン・チャン

32

マラソンで2時間5分台

24日、行われたシカゴ・マラソン男子で、モロッコのハリド・ハヌーシが2時間5分42秒の世界最高記録をマークして優勝した。これまでの世界最高は1998年のベルリン・マラソンでブラジルのロナウド・ダコスタの2時間6分5秒で、ハヌーシは史上初めて2時間6分台の壁を破った。ハヌーシは97年シカゴ・マラソンで2時間7分10秒のベスト記録を持つ。

32/33

日本シリーズ中日雪辱

プロ野球日本シリーズの第2戦は24日、福岡ドームで行われ、中日ドラゴンズが8－2で福岡ダイエーホークスを破り、対戦成績を一勝一敗に戻した。中日は1回ダイエー先発の若田辺の立ち上がりを攻め3四球で一死満塁として立波の中前適時打で2点を先制。その後も着実に点を重ねた。中日の星野監督は「これで気持ちよくナゴヤに戻れる。」とコメントした。

20/21

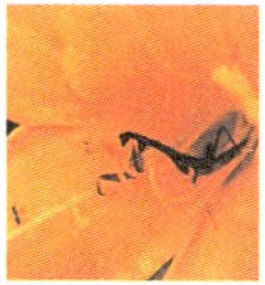

われら地球人フォト

「われら地球人フォトフェスティバル」（主催・朝日新聞社、全日本写真連盟、協賛・キャノン販売、協力・キャノンクラブ）は今回で10回目を迎えた。メーンテーマは「感動」。最高作品賞には奈良市の渡辺直雄さんが選ばれ、第5回に続いて2度目の最高作品賞を獲得した。審査委員長秋山庄太郎氏は「全体的に今年もいい。平均点が取れてきたのかな。」と講評した。

朝日新聞

ASAHI SHIMBUN　1999年（平成11年）10月25日　月曜日

朝日新聞　日刊　40814号　1892年3月11日第3種郵便物認可　発行所　東京都中央区築地5丁目3番2号　〒104-8011　朝日新聞東京本社　電話03-3545-0131
郵便口座　00100-7-1730　アサヒ・コム　情報接続先　http://www.asahi.com/　OPENDOORS　出版案内　http://www.opendoors.asahi-np.co.jp/
朝日新聞広報室　紙面へのご意見は　電話03-5540-7615　記事催し物のご質問は　電話03-5540-7616（平日10時～21時、土曜日は18時まで、日曜・祝日は休み）
販売もしもしセンター　ご要望ご購読に関するお問い合わせは　電話03-3542-1991（日・祝日を除く7～21時）

2

鳩山民主党 船出一カ月

選挙態勢出遅れ、野党共闘、戦略定まらずの声も。政権の受け皿としての存在感を示す取り組みが問われている。

10/11

日産の 下請けに迫る冬

「もう少しやり方なかったか」の声しきり。進む合理化と雇用不安のなか中小企業にとって行き先は見えないまま。

2/13

朝日［第1回］ のびのび教育賞

朝日新聞社が創刊百二十周年を記念して新設

介護保険スタート控え自治体

介護手当て見直す動き

来年四月の介護保険スタートを控え、「介護手当」などの名称で寝たきりのお年寄りや介護をする家族に現金を支給している自治体の中で、手当の打ち切りや減額を含め制度を見直す機運が広がっている。財源難に加え、「介護保険制度と政策目的が重複する」との理由がある。全国的に突出して金額が高い東京都は、一人当たり年間最高六十六万円を支給しており、廃止された場合、高齢者への影響も大きい。自民、自由、公明三党は、介護家族への現金給付を含めた介護保険制度の見直し作業を進めており結論によっては各自治体の見直しの動きを左右することになる。（3面に関係記事）

北九州市の末吉興一市長は九月、市議会決算特別委員会で「見舞金は在宅介護サービスの質、量とも整備が十分でない時代に始まった。その後、寝たきりの高齢者に必要なサービスが提供できるようになり、支給の意味合いが薄れた」と発言、見舞金制度を見直す考えを示した。

同市の見舞金は、年間十二万六千六百円で、昨年度の対象者は千四百七人。柳楽晃洋・市高齢者福祉課長は「見舞金の支給は、現金給付は認めないという介護保険制度の趣旨に反する。布団乾燥など、介護保険では対象に入っていないサービスに予算を使っていきたい」と話す。東京都も「介護保険との重複」などを理由に見直しの方

した。都の制度

年、月額三千円

その後額が引上

現在は対象者約

総額三百七十億

見直しに着手

は、財政難の深

事情もある。代

在宅サービスの

方向で調整が進

るが、具体策は

ない。宮城県は

ともに半年以上

高齢者の家族に

東京都、政令指定市で実施している「介護手当」

都市名	名称	支給額（年額）	今年度予算額
東京都	福祉手当	36万66万円	373億4100万円
札幌市	介護手当	10万8000円	7200万円
仙台市	介護手当	12万円	3億3100万円
千葉市	福祉手当	17万40円	1億7800万円
横浜市	援護金	14万円	9億1000万円
川崎市	援助手当	12万円	2億9800万円
名古屋市	介護手当	8万6400円	8億8100万円
京都市	激励金	7万円	5億4600万円
神戸市	介護手当	12万円	6億3400万円
広島市	見舞金	15万円	2億5100万円
北九州市	見舞金	12万6600円	1億9000万円

紅葉狩り 渋滞なく

栃木県奥日光は二十四日、紅葉狩りを楽

日光市街地からいろは坂をぬけ中禅寺湖ま

紅葉は戦場ヶ原付近はピークが過ぎてお

国

経営危

四月に経営破

た都内の大口融

援したうえ、同

が二十四日、関

権を譲渡するな

アジアのなかで ②
日本を開く

共栄へ 同じ目線で改革

「二十一世紀のタイ経済にとって、エスエムイーの育成が重要です」。タイのニュース番組で今年、こんな報道が増えた。「SME」は、「中小企業」の英略語だ。今や、経済再生を語るうえでの合言葉になった。背後では「日本」が総がかりで動いている。

バンコクで今年八月に始まった「中小企業診断士養成講座」は、日本から派遣された十一人が講師をつとめる。半年コースで約四十人のタイ人が財務や生産管理を学んでいる。日本が戦後に設けた制度をタイにも取り入れ、診断士を二年間で四百人育てる。産業の約九割を占めながら、経営基盤が弱い中小企業の強化に役立てる。

研修生のひとり、ブラトンパイさん(四八)は中小企業金融公社で融資の審査をしているが、「企業の生産や設備の知識を身につけたい」と参加した。若い女性や銀行を解雇された中年など、顔ぶれは多彩だ。

日本はアジアに、「新宮沢構想」による三百億ドルの資金協力を打ち出した。これに対して中小企業対策は、経済協力を「カネから知恵と汗」に切り替える試みだ。インドネシアや中国にも同様の協力を進めようとしている。

一九九〇年代以降、アジア諸国では市場万能の「米国型モデル」が優勢になった。だが、朝日新聞の世論調査では、「二十一世紀も日本は発展モデルになる」との回答が韓国と東南アジアで多かった。

タイ工業省の担当局次長であるタムリ氏は、日本の中小企業も不況で苦労している事情を承知のうえで「弱点のない制度はない」と割りきり、日本の経験を経済発展に生かすつもりだ。

だが、その「日本型システム」も、時代の変化に合わせて修正しないといけない。日本自身の変化と改革にも、アジアは熱い視線を向けている。

小渕恵三首相は八月下旬、アジア六カ国に「アジア経済再生ミッション」(団長・奥田碩日経連会長)を派遣した。

具体策をさぐる役目だったが、痛感したのは、「日本こそ変わらなくてはならない」との思いだった。政府からの参加者は「経済改革や、国民にわかりやすい制度づくりなどで助けを求めていたら、日本にこそ必要なことばかりだった」と振り返る。メンバーらは「二十一世紀のアジアの繁栄に向けた取り組み」を報告書にまとめ、十一月に首相に提出する。キーワードは「日本を開く」。ヒト、モノ、カネと情報の流れの活性化を促進する構えだ。農産物市場の一層の開放、通貨政策の地域協力などが浮かんでいる。

天声人語

週刊東洋経済に連載中「人生二毛作」がこの度、百回を超えた。会社を離れ、新たな人生を踏み出した人たちを、フリーの作家、日高昇夫さん(六二)が全国各地をたずね歩く趣向だ。

▼百回目に取り上げたのは三十年働いたすえ部下のいない閑職に就かされた元銀行マン。現在は精神障害者の社会復帰を手伝う施設の運営に携わる。バブル時代と違った企業人の生き方に目をつけて連載を始めたのは一九九一年七月。衣替えした二年前に回数もリスタートしたが、通算すると四百人に会ってきた。

▼八年前と違って、素材を見つけることは難しくない。リストラや転職の話ならいくらでも転がっている。しかし、実名で登場してもらい、本人の写真も載せるから、自分をしっかり語れる人でなければならない。もう一つ、「一緒に飲んで楽しい人」という内証の物差しもある。

▼このところ増えているのは福祉の世界への転身だ。元銀行マンに限らず、福祉施設やボランティア団体で生き生きと働く元「会社人間」は少なくない。会社勤めの間に自然に身に付いた習性は、約束や契約を守り、時間や金に厳しいこと。当人は気づかなくても、それはさまざまな人が集まる組織を切り回すのに欠かせぬ要素なのだ。意外にも潜在能力の発揮といったところだ。

▼生命保険と系列の証券会社で常務職をつとめた村山秀さん(六四)が、「さわやか福祉財団」に加わって二年半たつ。財務担当として資金集めに走り回り、いまは各地に介護保険を支えるボランティア組織を作ろうと奮闘中だ。この仕事、交通費などの実費しか支払われない。けれども充足感で十分お釣りがくる。高齢者の支え合いが必要な時代、元会社人間の活躍の場はまだまだ広がるだろう。

▼ただし、心すべきことが一つ。「会社勤めを長く経験した者は、とかく規則や命令を絶対のように考える。でも、みんなの善意で回っている組織は、それだけでは持ちません」。村山さんの自戒の弁でもある。

くらしのあした

……給しており、県として……める方向で検討中だ。

……方、神戸市は「介護手……介護をする人の精神的……的負担を軽減させるた……ある。高齢者本人にサ……スを提供する介護保険……制度の趣旨が逆う」(市……福祉課)との考えで、……の意向だ。

……自治体の介護手当は、高……福祉施策が注目される……になった六〇年代後半……各地で始まった。……日新聞の九五年の調査……、全国の八割を超える……村が、国の補助を受け……独事業として実施し……た。現在も十二の政令……市のうち十市で、年間……二十七万円を一般会計……支給している。

不透明融資
90億円、不十分な担保

……「国民銀行」(東京都千代田区)が、返済が滞ってい……資会社に対し、他の取引先を使った迂回融資で資金支……き詰まった後にも約九十億円を追加融資していたこと……った。この会社は、経営しているカラオケ店舗の営業……ほとんどなかったとみられる。(39面に関係記事)

国民銀行の内部調査を進めている金融監督庁幹部の人が旧経営陣の刑事責任を検討しており、警視庁捜査二課など捜査当局も商法の特別背任容疑などによる立件を視野に入れ、捜査を本格化させている。

関係者によると、バブル崩壊後、同行の大口融資先だった東京都[illegible]市のカラオケ店経営会社「カミバレス」の経営が悪化して融資の返済が滞った。

同行は、一九九五年から九七年にかけ、関連ノンバンク「こくぎんモーゲージサービス」と取引先企業六社の計七社を経由して、カミバレスに約四十億円を迂回融資していたとされている。

カミバレスが七社にカラオケ店の営業権を売却し、その購入代金を同行が七社に融資する形が取られた。その際、同行は営業権を担保にしていた。

融資金のほとんどは、同行に対する債務返済に充てられたため、同行のカミバレスに対する不良債権は表面上大きく減ったと見られていた。

しかし同行の七社に対する融資はカミバレスが返済保証しており、実態はカミバレスの不良債権を別会社に分散させただけだった。

その後もカミバレスの経営は改善しなかったが、同行は九七年十一月に三十億円、九八年七月に約六十億円を新たに融資していたことが明るみになった。

さらに同年七月から、別の取引先企業九社を通じて約十億円を迂回融資し、迂回分計約四十億円と合わせて同行のカミバレスに対する融資総額は百九十億円以上にのぼった。

カミバレスは今年二月に不渡りを出し、国民銀行の申し立てにより今月十日、東京地裁八王子支部から破産宣告を受ける結果となった。

……列

……まわった。周辺道路は渋滞で身動き、本社ヘリから……に約三時間もかかった。日光観光協会によると、……湖周辺は二十四日後くらいが見ごろだという

ここは

英雄クレージーホースの像を米国中部の岩山に約50年前に掘り始めたコジャック・ジョルコフスキさん。遺言は「ゆっくりやれ」。

折々のうた 大岡信

戦争に学友逝かしめて半世紀
短歌詠みつぐは心痛むも
上江洲慶子

[illegible]

テーマ

日めくり

回答者

ドリアン・T・助川

正確に言うとドリアン・T・助川氏にお願いしたのはデザインではない。
毎日一枚めくると、そこに新しい言葉が現われる、
「日めくり」というメディアの上の言葉を新しく考えていただいたのだ。
日めくりカレンダーの上にはご教訓めいた言葉や、
故事成語などが鎮座しているもの、と相場が決まっているような感じがあるが、
書籍とはひと味違った、言葉の座り心地、というものが、
そこにはあるように感じられたのである。
「叫ぶ詩人の会」で歌手として活躍されているドリアン・T・助川氏は
私たちの説明を怪訝そうに聞き、
宅急便で一気に言葉を届けてくれた。

◎商品プロフィール
日めくりは柱などにかけて毎日一枚ずつめくるカレンダーをいう。はぎごよみ、はしらごよみともいう。

◎日めくり制作意図

根っから腑抜けの私は意図というものをもって過ごした記憶があまりないので、急に制作意図を書いて下さいなどと言われても困ってしまうな。だいたいにおいて私は意図なしで母親の腹から転がり出た。その後は意図なしで歩き始めたし、意図なしで幼稚園、小学校に通い始め、意図がないものだから教室でじっとしていることは稀だった。窓辺をもんしろちょうが横切れば、そのまま外に出て行ってしまうのである。動くものを見つけると走り出す犬や猫と一緒だ。学校では異常行動児と呼ばれた。女の先生はいつも泣いていた。その後も意図せぬまま煙草や酒やトルエンに走り、腑抜けの少年から腑抜けの大人になってしまった。だから前向きのことが一切できない。日々酒に溺れるだけである。世間では私のことを歌を歌ったり、本を書いたり、人生相談のラジオをやったりする酔っぱらいだと思っているようだが、それは違う。私は単なる酔っぱらいで、だから歌も本も人生相談もほとんど記憶がないのである。しらふじゃないのだ、徹底的に。今日で十六日間連続の朝帰りだし。そういうわけであるから、この日めくりカレンダーの言葉の数々は意図せぬところで、つまりは酔っぱらいの目を通してのみ成り立つねじれた世界の産物である。こんなもの何がおもしろいんだといぶかる人は立派な人である。治安維持と国家建設のために日夜奮闘していただきたい。逆に私の意味のない言葉の連続に対し少しでもリアルを感じてしまった人は腑抜けの才能がある。あなたは駄目な人だ。そういう人は酔っぱらったり、歌を歌ったり、本を書いたりして生きるしかない。

◎ドリアン・T・助川（どりあん・T・すけがわ）詩人／ミュージシャン。一九六二年東京都生まれ。早稲田大学第一文学部哲学科を最悪の成績で卒業。その後、アル中で入院。エロ作家、放送作家、ルーマニア、カンボジア特派員などを経て、九〇年、パンクバンド「叫ぶ詩人の会」を結成。以降七枚のアルバム、十冊の本を残し、日本を去る。本年四月より、ニューヨーク在住。
写真は、最新作『食べる』（二〇〇〇）

めくるたびに言葉に出会う。

ご教訓でも運勢でもない、たんたんとした
日々の言葉。

日めくり◎ドリアン・T・助川

4 20 木
防波堤ファン

4 21 金
ライオネル
リッチー似

4 22 土
思ったより赤いんだ

4 26 水
奥様は大魔神

4 27 木
ほくろ地図

4 28 金
あんこうの
吊るし上げ

5 2 火
地軸がずれているから

5 3 水
弁当だけは
負けません

5 4 木
お父様
砲丸を
いただきました。

5 8 月
少なくとも俺は
田尾のホームランを
知っている

5 9 火
特技は
投げナイフです

5 10 水
百万本のボラ

5 14 日
北風一万トン

5 15 月
大統領には
内緒にしておきます

5 16 火
あわふいて喜ぶ

423日
ポケットに穴子

424月
鉄人28センチ

425火
冥王星の意味

429土
ふさふさの布団

430日
原子力洗濯機

51月
秘すれば花嫁

55金
ありんこヤクザ

56土
根性ねぇんだ
あの質屋

57日
イメージ研究会

511木
手編みなの
このズボン

512金
お肉みたい

513土
明日からはエリザベス

517水
子供のころから錦鯉

518木
一球人魂

519金
オットセイに
学んだり
学ばなかったり

日めくり◎ドリアン・T・助川

どういう形になりたいかは素材が知っている

座談会

坂 茂 Ban Shigeru
平野敬子 Hirano Keiko
原研哉（司会）Hara Kenya

◎坂茂（ばんしげる）
建築家。一二一頁参照。
◎平野敬子（ひらのけいこ）
デザインディレクター。一五八頁参照。

原――今日は坂茂さんと平野敬子さんに来ていただいたのですけれども、坂さんにはトイレットペーパー、平野敬子さんにはティッシュペーパーという、いずれも日常で消費していくいわゆる「落とし紙」のリ・デザインをお願いしています。
　坂さんは紙管を使った独創的な建築をつくっておられますが、どのような経緯で紙管を使うようになったか、簡単にお話しいただけますか。

坂――一九八六年にフィンランドの建築家、アルヴァ・アアルトの展覧会の会場構成をしたんです。僕は彼の建築がすごく好きで、なんとか会場の中にアアルトらしい雰囲気をつくりたいと思っていました。アアルトは木をふんだんに使いますし、有機的な曲線を使うのが特色なんですけれども、三週間ぐらいの短期的な展覧会ですから予算もあまりないし、会期が終わったら壊して捨ててしまうわけですから、木に代わる材料でもっと安くて、捨ててもあまりもったいなくないものをいろいろ探したんです。たまたまその前の展覧会の会場構成で使った布を巻いた紙管がもったいなくて、何かに使えないかなと思って事務所に持ち帰っていたんで調べたら、再生紙を使っていて非常に安いし、厚みとか直径とか長さとかある程度自由につくれる。紙というと弱いという先入観がありますが、使ってみると思った以上に強かったので建築の構造体に使えるのではないかなと、当時から考えていたわけです。

原──使い始めて十年以上たつわけですが、紙管で建てた建築はどれぐらいありますか。

坂──仮設と常設がありますが、残っているもので一番古いのは九一年の詩人の高橋睦郎さんの書庫(詩人の書庫)。ほかに三宅一生さんのギャラリー(MDSギャラリー)、神戸の教会、山中湖の「紙の家」という別荘、岐阜の紙のドームですね。仮設のものは現在建てているハノーバー万博日本館と、トルコの大地震後の仮設住宅が十七軒ですね。あと、阪神大震災のときの仮設住宅が、パリの展覧会に出品されています。

原──最初は、紙の建築というのが、ある種ギミックみたいに思えたんですよ。でも阪神大震災の仮設住宅という形で展開されてきたあたりから、これは半端なものじゃないなということがだんだんわかってきた。建築は、新しい時代の新しい考え方を建築のフォルムなり素材なりで体現していくという流れが今でも続いていると思うのですけれども、坂さんの紙管の建築というのはまったく違う存在理由があると思うんです。「仮設性」という考え方のほうが今ではむしろ建築の本質を伝えているような感じが、僕なんかはするんですよ。そういう坂さんに、今回はトイレットペーパーをお願いしました。

坂──トイレットペーパーって実用品ですから、デザインを表面的に変えてもあまり意味がないと思ったし、建築でも、表面的なデザインは、僕のやっている方法じゃない。だから基本的な機能のところまで踏み込みたいと思ったのですね。

ただ、始める前から当然気がついていましたけれども、あれだけ大量に安くつくられているものを変えるには生産ラインを変えなければいけないので、そう簡単なこと

◎「詩人の書庫」。設計＝坂茂。撮影＝平井広行。(一九九一)

◎「MDSギャラリー」の内観。設計＝坂茂。撮影＝平井広行。(一九九四)

じゃない。でもとりあえずコンセプトの提示ということが今回非常に重要だと思ったので、やってみようと思ったんですけれどもね。

原――次に平野さんですが、平野さんの仕事はあえて一言でいうと、美しいということに対して躊躇がない、という感じがします。フォルムだとか造形性じゃなくて、ものが本来的に持っている美だけを見つめ続けて、それをじっくりと掘り出してくるという感じ。結果としてそれが強い表現になる。だから平野さんに日常性の中でのテーマをあずけてみると、日常のものたちが本来的に備えている美が、衝撃的にクローズアップされるのではないかなと思ったわけです。

平野――大量生産される日用品のデザインを考える上では、利便性、使いやすさ、生産性といった、組み込まなければならないいくつかの条件がありますが、その中でも機能性とコストという二つの大きな柱をクリアしなければ製品化されません。制約の多さゆえに、ともすれば美の問題は語られづらい領域かと思いますが、日用品のデザインであるからこそあらゆるものを包括する概念として美意識の問題が重要であると考えています。この仕事に取りかかるまで、ティッシュペーパーのリ・デザインの必然性について随分悩みました。なぜならば、ティッシュペーパーはポピュラーな製品で、世界中どこに行っても構造が変わらない。ということは、この形状が使いやすくて、コストにも合っている、あらゆる条件を満たしている優れた様式であると言えると思うのです。しかし、だからといってあれが一〇〇%絶対的なデザインではない。

リ・デザインのプランを紐解く上で、今のティッシュペーパーの問題点について、考えてみることにしました。一つには、あえて矛盾をはらむ言い方をしますと、取り出しやすいための画期的な構造でありながら取り出しやすさゆえに使い過ぎてしまう。

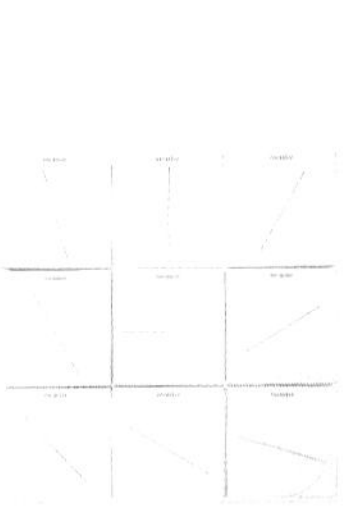

◎資生堂の香水「ヴォカリーズ」のパッケージ。デザイン＝平野敬子。(一九九八)

もう一つは、美しくはない。箱はシンプルな形状ですが、どのような空間にあっても興ざめしてしまうんですね。よく和室などでは木製のカバーがついてたりするんですけれども、表に先端が出ているので「私はティッシュです」ってすごく主張しているわけです(笑)。

原――ああ、半分出かかっていますからね、常に。

平野――それが、取ってくださいと言わんばかりに……。

原――ティッシュの一番の特徴は、次のが半分出かかっているという形状で安定しているということですよね。あれはものの様相としては、珍しいカタチだと思いますね。未然形なままで完成という……。

平野――そこに引っ掛かるんです。

坂――僕もあれが目に見えるところに置いてあるのが大嫌いなんです。どこかに隠すんですけれども、必要なときに扉を開けて出すのでは不便だし。出かかっている以上は、取り出しやすいところにあるべきだと思うので、ちょっと視線に隠れるところに置くんですよ。それと箱もね、白しか使いたくないんですよ。

原――わかります、わかります。しかし全部何色かのセットになって売っているから……。

坂――そうなんですよ。で、出し終わっても箱は全然痛んでいない。リフィルにすればいいんじゃないですか。

原――松永真さんがデザインしたスコッティのティッシュボックスは、花柄をデザインしてくれというクライアント側に対してストライプを提案して実現させたという、いわゆる日常の美意識という点では、大きくうなずける部分があったんです。しかし、

◎資生堂ビューティーサルーンポスター。デザイン＝平野敬子。(一九九四)

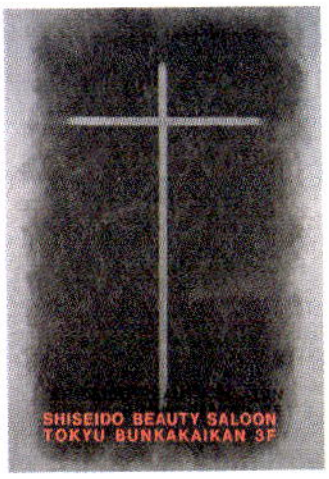

さらに考えるとティッシュというものの根本的な成り立ちを考えないとたぶん次の時代のデザイン批評になってこないかもしれない。

平野——たしかに。私はいつも箱が仰々しいと思っています。中身を保護する機能を持つことは必要だけれども、箱であって箱でないような、使い切るとなくなってしまうような構造が出来ないかなと考えているところです。

坂——あと、あんなに白くて軟らかい質感のいい紙ってないですよね。どこへ行っても、もっとごわごわしていて、硬くて、茶色っぽくて……。トイレットペーパーがいまだにバージンパルプ一〇〇%というのが謳い文句になるのは、日本だけですよね。ヨーロッパなんかはほとんど再生紙ですからね。幅も狭いし。日本というのは、いまだに純白なものは清潔だという先入観があるんですね。

原——ただ再生紙と言っても一概にいいとは言えない。現在の日本の状況は巨視的な意味での省資源や環境保護とリサイクルの実体が繋がっていない場合も多く、リサイクルが汚水や高コストを生んでいたりして、いろいろと矛盾もある。「白い再生紙」という発想がすでにかなりあやしいわけです。

坂——ヨーロッパのトイレットペーパーは、汚い紙の色のものをそのまま使っていますよ。たまにちょっとピンクを入れて、それでもなんか変な濁った色になりますけれどもね。脱色してないですよね。

原——そうですね。そういうふうに使えばいい。たとえばボール紙の中に詰まっているアンコの部分とか、目に見えないところにローコストで処理した再生資源を上手に使っていけばいい。日本での古紙の回収率、再生率は世界でトップなんです。五五%以上が再生原料になっているんです。リサイクルがこれほど騒がれない時代に、

◎日本の再生紙の現状
日本の紙の原料に占める古紙の割合は、五六・一%（一九九九）で先進国の中では最高であり、段ボールなどの板紙類での古紙利用率は八九・三%（一九九九）と高い。元来、新聞用紙のすべてが、古紙利用をしている。直接肌に触れることから、きびしい品質が求められるトイレットペーパーにも、牛乳パック古紙を原料にするなどの再生紙化が進んでいる。一方、白い印刷用紙としても、再生紙が用いられる傾向が出てきているが、白い再生紙の生産には脱インクの行程に多くの薬品を用いるため汚水を発生させることや、木材チップからパルプをつくるのに比較して割高になるなどの問題を生み出している。再生紙の利用は、適材適所を見極めた、合理性が求められている。

新聞紙の大半が古紙利用になったとか、緩衝材とかクッションとかボール紙のアンコの部分に再生紙を使う技術が次第に知恵として生まれてきたんだけれども、リサイクルと言われ始めてその理想的な使い方のバランスが壊れて、あえて白く高品質にして使うようなねじれた状況になっているということがあるんですよね。だから再生紙を手放しで推奨することについては、ちょっと賛成出来ないところがあるんですけれども……。

坂――紙管でも、ヨーロッパの紙管と日本の紙管との強度を比べると日本のほうが強い。なぜかというと、日本の紙管のほうが再生率が低いからなんですね。紙管というのは再生された紙でできた段ボールをまた崩して巻くんです。それをまた何度もリサイクルするんですよ。だからヨーロッパのは五回目ぐらいだったりする。でも日本とアメリカは二、三回で止めちゃうので、ファイバーの切れ方が長くて強度がある。ヨーロッパのは繊維がどんどん短くなって弱くなっている。だから強いこと自体は別に自慢にならないんですね。紙管というのは何かを巻いた後、最終的には必ず捨てられる運命なんですよ。最終形になるものはほとんどない。だからヨーロッパの場合は、紙管屋がまた回収してリサイクルするんですけれども、日本の場合には全くそういうことがないですね。

原――なるほど。ただ、リサイクルという発想にも問題があって、リサイクルを前提にものを考えることによって、ものの重みが希薄になるということです。たとえばガラスでお皿をつくって、それを三十年使ったほうが、紙でお皿をつくって一回で終わっちゃうより省資源の観点からはいいわけです。ところが、最近はリサイクル前提でものをつくるので、コップでお酒を飲んでも、飲んだらすぐ捨てる。そうすると「飲む」というような日常の営みが軽く、チープになっていくんですね。そういうものの考え方を、リサイクルとか循環とかいう消費の思想は抱えているのではないかという気がするんです。

坂――国民性もありますよね。日本人は人が使ったものを使うのを嫌う国民ですね。割り箸のような、ああいう使い捨てにするものが日本人は好きです。捨てること、つまり自分だけが新品のものを使うということ自体が好きな国民なんじゃないですか。

原――ゼロ・エミッションという言葉を最近よく耳にしますけれども、要するに、捨てるものが出ないという環境のことで、江戸の時代はそれがよくできていたらしいですね。使うものの局面はどんどん入れ代わっていっても、それをサイクルとしてうまく使い回していく知恵みたいなものがあったはずだと思うんですよ。今の社会でリサイクルと言われている言葉の背景にあるのは、消費に対する未練のなさ、モノはどんどん目の前から消え去って行ってもあまり抵抗を感じないというアメリカ的な考え方が入り込んでいて、それが危ないという気がするんです。

坂――確かにその理念は学ぶべきですけれども、消費されるスピードと量が江戸と現代では比べものにならない。だから今はそのままは当てはまらないんですよ。

それといまふと思ったのは、ドナルド・キーンさんが「もったいない」という言葉が日本語にはあるけれども、英語にはない。あれは日本独特の言葉、あるいは概念だ、というようなことを言っていたんです。フランス語はどうか知らないですけれども、英語圏に「もったいない」という言葉がないということは、そういう観念自体も、もともとないんでしょうね。だから代々物を使うというのは、もったいないから使うのじ

◎江戸のゼロ・エミッション社会
糞尿のリサイクルが都市と農村の間で確立していたことはよく例にあげられる。衣類などの生活用品は、古着や古道具を商う店を通じて循環しており、衣類に使用出来なくなった布は雑巾になり、それを使い古すと燃料として燃やし、最後には「灰屋」が灰を回収するという極めて合理的なシステムが確立していた。家の立て替えで出た建材や落とし紙まで徹底してリサイクルしていたと考えられている。ただしこれは、環境への配慮などという観点ではなく、「もったいない」という生活倫理に立脚したシステムであった。

やなくて、全然別な価値観がそこにあるんでしょうね。

平野さんは、日常的にもったいないということをどういう時に感じていますか。あるいは全然そういうことは感じないのか。

平野――たとえば仕事でコピー用紙とかプリンター用紙とかを使うと心が痛みますよ。あっという間に束になっていきますから、当然表裏使うとか、何度か使うとか、最終的にメモにするとか、現代人のマナーというレベルでの対応はしています。デザインを通じて社会の役に立ちたいと思いながら、一方ではゴミを増やすような犠牲を払うことに、日々矛盾みたいなものを感じています。

原――でも、おそらく「もったいない」という言葉の背景にあるのは倫理観じゃなくて、センスのようなものだと思うんですが。坂さんの建築でも……。

坂――僕の場合、紙管自体あるいは紙だけに興味があるわけじゃなくて、そういうもの一つ取ってみるとナマな材料であったり、あるいはそれ自体ほかの用途用につくられたものなんですけれども、それを繰り返し使うという美しさがあると思うんですよ。当然、最終的なカタチが美しくなかったら意味はないわけですから。

材料に合うカタチというのがあると思うし、合ったカタチにつくることが美しいものだと思うので、どういうカタチになりたいかが、それぞれの材料自体にあると思うんですよ。そういう特性を引き出してあげることが、美しくなる最も重要なやり方だと思っているのですけれどもね。

平野さんの場合はどうなんでしょうね。

平野――素材というか対象と対峙するわけです。今、引き出すというふうにおっしゃいましたけれど、対峙している中で、会話するわけですよ。沈黙の会話があって、その中で自ずと答えを導き出すというか……。

坂――でも、僕なんかはまだ具体的な素材を使っているので、引出しやすいんですよ。でも平野さんの場合は、紙にインクなり色を乗せるわけですよね。そうなると、素材がどうこうじゃなくて、そこに描かれるカタチであり色でありテクスチュアであり……抽象的な選択肢がもっと多いと思うんですよ。

平野――そうですね。紙以外の素材を使うことも多いのですが。最近美について考える上で、光をどのように理解し、表現していくかということをよく考えます。光の問題がすごい重要なんだなと改めて思ったんですよ。今、事務所の壁に、ポストカード大の紙にオフセット印刷をして連続して貼り込んでいって、一つの新しい空間をつくるという試みをやっているんです。自分自身への問いかけです。実験によって発見とか気づきみたいなものを導き出すための行為だと思っているんですけれども。近作として金を印刷したポストカードを壁に貼ってみたのですけれども、壁というのはフラットではなくて微妙な凹凸がありますから、当然紙が微妙に凹凸を繰り返すんですよ。それが見事にいろんな屈折率の光を受けて、一枚一枚影ができるんです。いろいろな場所に影が出来て、一枚の金のベタではなくて、金箔を貼ったような効果が出るんです。それを見ていると、以前、鉛筆でドローイングを描いていた頃にもやはり光の屈折というか、光と影みたいなことの連続性で一つの画面をつくっていたのですが、表現方法は異なっても、向かっている方向は変わらないことなのかなと思ったんですね。

原――僕は坂さんと平野さんの美意識は、どこかで繋がっているような気がするんですね。坂さんは、紙管と格闘して、紙管とは何か、紙管で何が出来るかというこ

ⓒgggギャラリーにおけるポストカードのインスタレーション。デザイン＝平野敬子。(一九九八)

とを考え抜いていくことの中にあるセンスを構築されてきた。今までの素材と人間との単なる造形的な対話から生まれてきた美意識とは全然違うセンスが、紙管と対話を続けることによって生まれてきて、それが開花していく。

平野さんもたぶんテーブルの上に置かれた一枚の紙がなぜ美しいか。そしてこれをもっと美しくするためにはどうしたらいいかということを、素材の本質みたいなところに遡りつつ、決め込んでいく。しかしそこに遡るのにすごく時間とエネルギーを使う。

平野――私は坂さんの問題意識を仕事に直結させていく行動力を尊敬しています。神戸の「紙の教会」を見に行ったとき、集う場所がある、空間があることが被災地の人々の希望であるように感じられました。一人の人間の行動が多くの人の心を動かし、感動を生み人間愛に帰結する。坂さんの行動から学ばせていただいています。

坂――それはちょっと美化しすぎていますよ(笑)。阪神大震災のときには、自分が設計した建物じゃないにしろ、建築でたくさんの人が亡くなったということは事実ですから、建築家として責任を感じて、なにか出来ないかなという純粋な気持ちがあったんです。それから、紙の建築に限りませんが、自分が考えているもの、開発しているものの具体的な実践の場でもあるわけで、技術者としての開発の意味もある。値段の高い住宅を設計してもボランティアで紙の家をつくってあげても、喜ばれる気持ちは同じなんで、それが見られるからやっているんです。

テレビや新聞で毎日のように悲惨な状況を見ていると、難民でも地震でも、最初は医療活動とか食料なんですけれども、その後必ず住宅の問題が起こる。住宅問題であるにもかかわらず、全く建築家が携わってない、それを改善している人がい

◎「紙のログハウス」。設計=坂茂。撮影=作間敬信。(一九九五)

ないということ、建築家が行くべきじゃないかという気持ちはありますね。
さっきも言ったけれど、被災地にローコストでつくる仮設住宅だからってなんでもいいということじゃなくて、絶対に美しくなければいけないと思っているんです。美しいということ自体、人の気持ちも和ませますしね。神戸で仮設住宅をつくったとき、最初仮設住宅をやるつもりはなかったんですよ。住宅をやってもきりがないし、政府が仮設住宅をつくると言っていたものですからね。だけど「紙の教会」を計画していた鷹取教会に集まっている人たちが住んでいる公園に行ったら、地震から三か月経っているのにまだみんなブルーシートで、雨が降れば水浸しですし、天気がよければ中が四十度ぐらいになる。しかも周りの住宅の人たちは、もう普通の生活に戻ったから、公園が汚いとか、スラム化するとか、怖いとか言って、早くも追い出そうとし始めたわけです。これはきちっと計画して美しいものをつくらない限り、共存できないと思ったんですよ。だから美しい必要があったんですね。トルコに行っても同じ問題があって、コンテナみたいなところに住んでいる人たちがいるんですよ。でも悲惨です、ああいうコンテナの中で人間が生活するというのは。

平野――神戸の仮設住宅を見に行ったときに、私が外から見ていたら、そこに住んでいる若者が住宅を説明してくださるんです。それが誇りとも思える自信に満ちていて、坂さんの行動が人々に希望を与えたということがほんとうに尊いことだと思ったんですよね。

坂――建築家はものを説明する責任があって、それはほんとに重要なことなんですが、でも実際には、日本の建築家はその責任を怠っているんですよ。ところが、国際社会ではそれは通用しないんですよ。言葉も違う、文化も違う、宗教も違う、その

◎「紙のログハウス(トルコ)」。日本のゼネコンのシートを屋根のテントとして使用。設計＝坂茂。(一九九九)◎坂茂建築設計

中で何かをやろうとしたときに、自分はどこの何で、どういうことをやろうとして、それによってどういう効果があるのかということをちゃんと説明しないと、そういうものが出来ないんですね。海外では、どんなに美しいものでも、きちっとその意味が客観的に説明出来ないとだめなんです。

原——どんなプロセスを経てそれが実現していくかということが明快にわかることで感動が起こってくるものがデザインだと思うんです。だから内省して語っていくということを、何度も何度もしていくうちに生まれてくる感性が、おそらく美意識だと思うのですね。坂さんや平野さんはそういう点でかなり共通するものをお持ちで、今日はそれがなんとなく確認できたように感じました。

[一九九九年十二月二十九日、日本デザインセンターにて収録]

◎「紙の教会(神戸)」。設計=坂茂。撮影=平井広行。(一九九五)

テーマ

年賀状

郵便局で販売されているお年玉つき年賀状のデザインは、変わらないもの、つまり「恒例」「慣例」の代表選手のようなものである。こういう定番性のある、いわゆる日本文化の良心のようなものに、いたずらにモダニズムなど持ち込むのはむしろ野暮というものであろう。しかしながら、日本の伝統をきちんと把握している優れた造形家の個性をけれん味なくこういう場所に生かすことができれば、やはり日常は潤うはずである。
そこで、グラフィックデザイナー、永井一正氏にこのテーマをお願いした。動物をテーマに作品を発表してこられたその作風の延長に、十二支をテーマとした十二年分の年賀状が誕生した。

回答者

永井一正

◎商品プロフィール
一八八五年逓信省創設、一九〇〇年郵便法が公布され、年賀郵便が制度的に取り扱われはじめたのは、一九〇六年から。毎年十二月十五日～二十八日までの間に差し出された郵便物に翌年一月一日付の通信日付けを押し、元旦の最先便から配達することとした。戦後、四九年から毎年お年玉つき年賀はがきが発売されるようになった。一九九八年度の引き受け数は、約三十七億通。

◎年賀状制作意図

官製の年賀はがきの、リ・デザインというテーマを与えられた。はがきの宛名面なので、デザインができるスペースが限られている中でリ・デザインをしたという特質を出さなければならない。

私は年賀という意味からも干支の一廻り、つまり十二支をテーマに十二年間のはがきをデザインすることにした。二〇〇一年の巳年から始まり、二〇一二年の辰年で終わることになる。十二支は本来は木星が十二年で天を一周することから、中国の天文学で毎年度における木星の位置を示すために天を十二分した時の呼称であるという。十二支と十二獣がいつから結びついたのか定かではないらしいが、近年湖北省の秦墓から出土した竹筒に含まれている「日書」には、現在行なわれているものとほぼ同様の動物名が十二支にあてられているというから歴史は古い。私はなるべく原初的で素朴な中に生命を宿す動物たちを描こうと心がけた。それと関連して十二支の文字を年の移りとともに循環させていった。十二支の文字の巳・午・未・申・酉・戌・亥・子・丑・寅・卯・辰はそれぞれ一文字で完結し美しく、動物と合わさることによって年賀の意味性が強くなると思った。さらにそれらを強調するためにお正月の吉祥や季節感を出すものたちを配した。また、下方のお年玉の番号の部分も華やかさを出すように工夫した。

私は日頃ポスターやマーク等のデザインをすることが多いのだが、それらに比べてもむつかしく苦心したが、こうして出来上がってみると自分自身も楽しむことができたという気がする。

◎**永井一正**(ながいかずまさ)
グラフィックデザイナー。一九二九年大阪府生まれ。五一年東京芸術大学彫刻科中退。六〇年日本デザインセンター設立に参加。現在代表取締役。日宣美術会員賞、朝日広告賞、ADCグランプリ・会員最高賞、亀倉雄策賞、毎日デザイン賞、毎日芸術賞、芸術選奨文部大臣賞、紫綬褒章、デザイン功労者表彰、勲四等旭日小綬章、ワルシャワ国際ポスタービエンナーレ金賞、モスクワ国際ビエンナーレグランプリ、メキシコ国際ポスタービエンナーレ一等賞、ザグレブ国際ポスター展グランプリ、ヘルシンキ国際ポスタービエンナーレグランプリなど多数受賞。パーマネントコレクションとしてニューヨーク近代美術館、東京国立近代美術館などに作品が収蔵されている。AGI会員、JAGDA会長、東京ADC委員。写真は、ポスター「LIFE」(一九九九)

吉祥や季節感を描いた風物、そして干支の動物。写真は二〇一一年、卯年の年賀状。

年とともに循環する十二の文字。写真は二〇一〇年、寅年の年賀状。

年賀状©永井一正

年 2003 賀
平成15年
50
NIPPON
00.4.20.8-12.
TAKEO

年 2002 賀
平成14年
50
NIPPON
00.4.20.8-12.
TAKEO

年 2001 賀
平成13年
50
NIPPON
00.4.20.8-12.
TAKEO

年 2009 賀
平成21年
50
NIPPON
00.4.20.8-12.
TAKEO

年 2008 賀
平成20年
50
NIPPON
00.4.20.8-12.
TAKEO

年 2007 賀
平成19年
50
NIPPON
00.4.20.8-12.
TAKEO

年 2006 賀
平成18年
50 NIPPON
00.4.20.8-12.
TAKEO
年 2005 賀
平成17年
50 NIPPON
00.4.20.8-12.
TAKEO
年 2004 賀
平成16年
50 NIPPON
00.4.20.8-12.
TAKEO
年 2012 賀
平成24年
50 NIPPON
00.4.20.8-12.
TAKEO
年 2011 賀
平成23年
50 NIPPON
00.4.20.8-12.
TAKEO
年 2010 賀
平成22年
50 NIPPON
00.4.20.8-12.
TAKEO

年賀状◎永井一正

テーマ

千歳飴

「馬券」「押し花付き電報」「宝くじ券」「お年玉袋」など
いくつか準備していたテーマから横尾忠則氏は「千歳飴」を選ばれた。
氏の造形と「千歳飴」というのは、どきっとするほど、共通点がある。
日本のアノニマスなデザインの地層の一部に、
横尾忠則的な造形の系譜が含まれていることは、
むしろ周知のことであるかもしれないが、
そこにそっくりと氏のデザインを重ねてみる機会を、
幸運にも私たちはここで持つことができるのである。

回答者

横尾忠則

◎**商品プロフィール**
「千歳」とは千年の意で、袋に印刷されている松竹梅や鶴亀などの絵柄はどれも長寿やめでたさを表わすもの。子どもの末長い健康と幸せを願う心が込められている。もともと神社の門前などで売っていたものを、赤ちゃんのお宮参りのときに買って親戚や知人に配った「お宮参り飴」が起源ではないかといわれている。

◎千歳飴制作意図

僕は七・五・三を祝ってもらった記憶がないので「千歳飴」の袋には愛着や思い出はない。

だけど「千歳飴」の定番となっている袋のデザインには大変興味がある。戦後のデザインが捨てた要素がここには時代を越えて生き続けている。このような様式は前近代的とも土着的とも呼ばれているが、もともと僕のデザインのインスピレーションの源泉でもある。

伝統を頭から否定するモダニズムにはあまり好感が持てない僕は、「千歳飴」の袋のデザインをするにあたって、特別変わったものをつくる気はなかった。むしろ本来の要素をそのまま活かしながら、リニューアルをつくる気持ちでデザインしてみた。

◎横尾忠則（よこおただのり）
アーティスト。一九三六年兵庫県生まれ。六九年第六回パリ青年ビエンナーレ展版画大賞ほか受賞多数。七二年ニューヨーク近代美術館で個展を開くなど、国際的に高い評価を受ける。八一年グラフィックデザイナーから画家に転向。以後、パリ、サンパウロ、バングラデシュ、ヴェネツィアの各ビエンナーレに招待出品。九五年毎日芸術賞。九六〜九九年ニューヨークADC、四年連続金銀賞受賞。ニューヨーク近代美術館、東京国立近代美術館ほか、内外八十の美術館に作品が収蔵されている。主な著書・作品集に『横尾忠則全絵画』（平凡社）、『夢枕』（NHK出版）、『異路倫』『大有』（作品社）、『瀧狂』『涅槃境』（新潮社）、『インドへ』『波乱へ／横尾忠則自伝』（文芸春秋）、『PHOTO PHOTO EVERYDAY』（筑摩書房）ほか多数。
写真は、ポスター「TADANORI YOKOO」（一九六五）

T.YOKOO

千歳飴◎横尾忠則

千
歳
飴
CHITOSE

千歳飴◎横尾忠則

テーマ

色の名前

色の名前に私たちは不満があるわけではない。
赤ははじめから赤であって、それ以外の名前に置き換えることができない。
緑や黄にしたところで事情は同じで、私たちは想像以上に
これらの色彩の名称に馴染んでしまっている。
しかしながら、である。
色彩のリアリティをもっと面白く捕まえる方法があるはずだ。
言葉と色のもう少し進歩的な関係を探してみたい。
このあたりの気分を、小説家でエッセイスト、時には戯曲作家であり
稀には詩も書く、という言葉の百貨店、原田宗典氏に相談した。
結果として生み出された「ハラダ式三原色」の数々は、
信号機のように簡単に無視はできない。

回答者

原田宗典

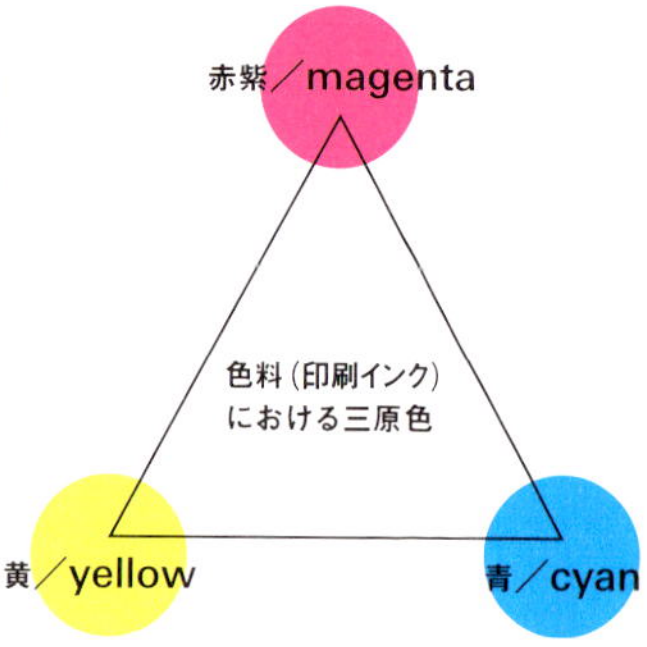

◎**三原色について**
原色とはどんな色を混ぜ合わせてもつくることのできない色をいう。原色は色をもつ光（色光）と色をもつ材料（色料）があり、色光の三原色は、赤・緑・青、色料の三原色は、シアン（青）・マゼンタ（赤紫）・イエロー（黄）である。色光の三原色を用いて混色すると白色に、色料の三原色を混色すると暗灰色になる。前者を加法混色と呼び、後者を減法混色と呼ぶ。

◎色の名前制作意図

最初は、ただ単純に「色」の新しい名前を発想すればよいのだな、と思っていた。これまでに使われていた名前——たとえば赤なら「赤」という呼称を廃し、まったく違う発想の名前をつけてみたら……ふむふむ、それは結構面白い試みかもしれない。確かに従来の色の名前ときたら、いつ誰がどういうつもりでつけたのか知らないけど、「青」とか「緑」とか「黄」とか「茶」とか言っちゃって、どこか記号的で杓子定規な印象が否めない。色の名前なのに、色気が足りないような気がする。もう少しこう面白味というか詩情というか、スリルというかサスペンスというか、とにかく色ならではの鮮やかなニュアンスが名前から滲み出てもらいたいというところではないか。そうだそうだ、まったくその通りだ。なあんて自らを煽りつつ、ぼくはエスペラント語制作に着手したザメンホフの如き志を胸に、この試案に取り組んでみたのだったが……実はすぐさま行き詰まってしまった。と言うか正確には、全然行き詰まらなくて困ってしまった——そりゃそうである。ただ漠然と「色の新しい名前」を発想しよう、というのでは、んもう無制限に思いついてしまって、取りとめがなくなるのは当然のこと。ここはやはり発想そのものに何らかの「デザイン」を施す必要があるわけだな。そうかそうか。なあるほどな。

というわけで本展覧会の原点に立ち返ったぼくは、発想そのものに「三原色」というデザインを施した上で、色の新しい名前を考えるに至った。そして以下のような四種の試作品を、ここに展示する次第である。本当はこれ以外にも、たとえば「五木ひろしの三原色——横浜・たそがれ・ホテルの小部屋」なんていうのも結構気に入っていたのだが、その是非を世に問うのは、次に送ることにしよう。

◎原田宗典（はらだむねのり）
作家。一九五九年東京都生まれ。早稲田大学第一文学部演劇科卒。八四年「おまえと暮らせない」で第八回すばる文学賞入選。以来、小説、エッセイ、戯曲、詩、童話、落語台本、広告コピー等、文章表現の地平を善く言えば精力的に、悪く言えば節操もなく開拓し続けて今日に至る。主な著書に『優しくって少しばか』、『しょうがない人』、『箱の中身／分からない国』（集英社）、『スメル男』、『何者でもない』（講談社）、『十九、二十』、『吾輩ハ若手デアル』（新潮社）、『人の短篇集』、『海の短編集』（角川書店）、『ゆめうつつ草紙』（幻冬舎）、『青空について』（光文社）等がある。写真は、『色について語ってはいけない』（一九九七）

17才の三原色

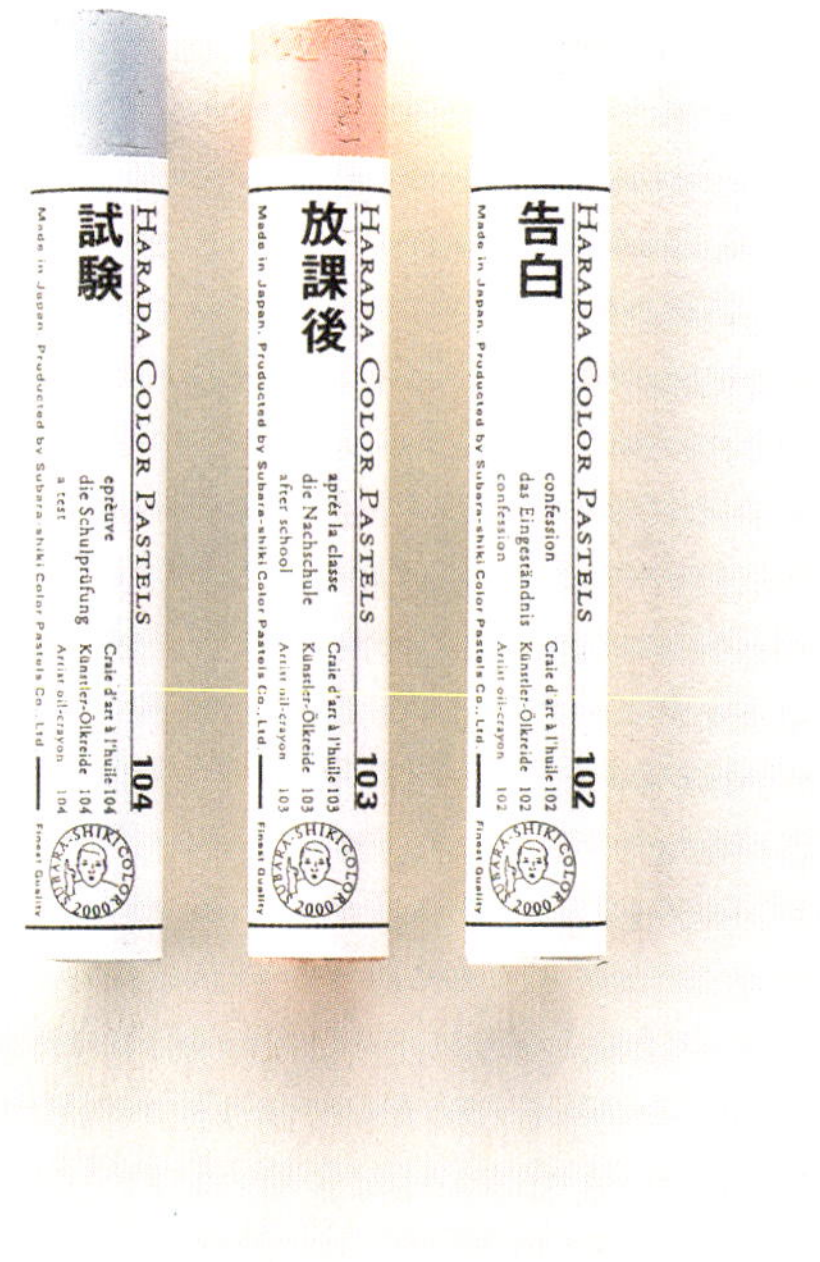
HARADA COLOR PASTELS 102
告白
confession
das Eingeständnis
confession
Craie d'art à l'huile 102
Künstler-Ölkreide 102
Artist oil-crayon 102
Made in Japan. Pruducted by Subara-shiki Color Pastels Co., Ltd.
SUBARA-SHIKI COLOR SINCE 2000
Finest Quality
HARADA COLOR PASTELS 103
放課後
aprés la classe
die Nachschule
after school
Craie d'art à l'huile 103
Künstler-Ölkreide 103
Artist oil-crayon 103
Made in Japan. Pruducted by Subara-shiki Color Pastels Co., Ltd.
SUBARA-SHIKI COLOR SINCE 2000
Finest Quality
HARADA COLOR PASTELS 104
試験
epreuve
die Schulprüfung
a test
Craie d'art à l'huile 104
Künstler-Ölkreide 104
Artist oil-crayon 104
Made in Japan. Pruducted by Subara-shiki Color Pastels Co., Ltd
SUBARA-SHIKI COLOR SINCE 2000
Finest Quality

人生の三原色

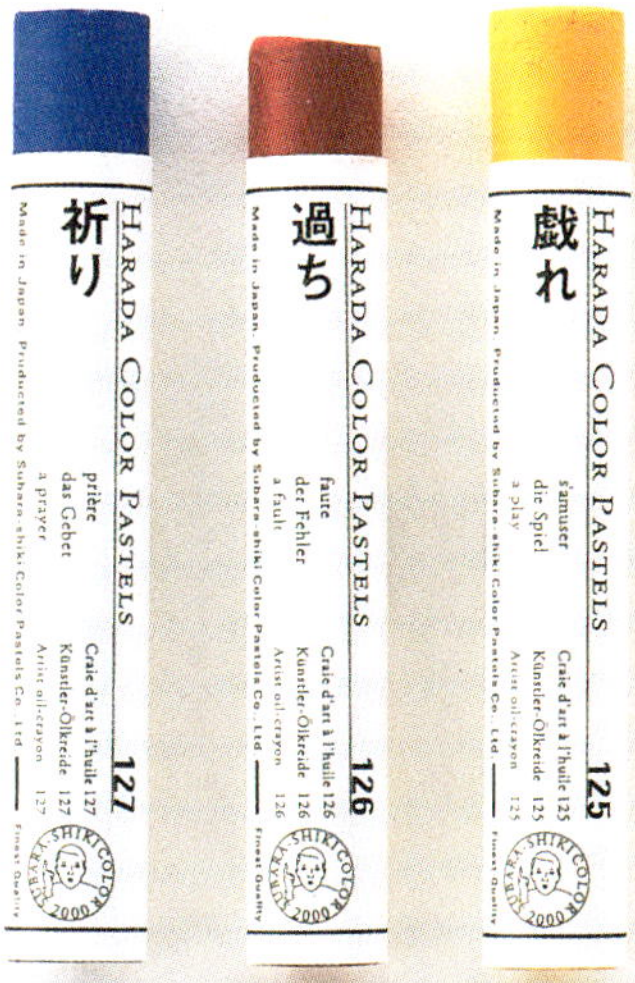

色の名前◎原田宗典

山男の三原色

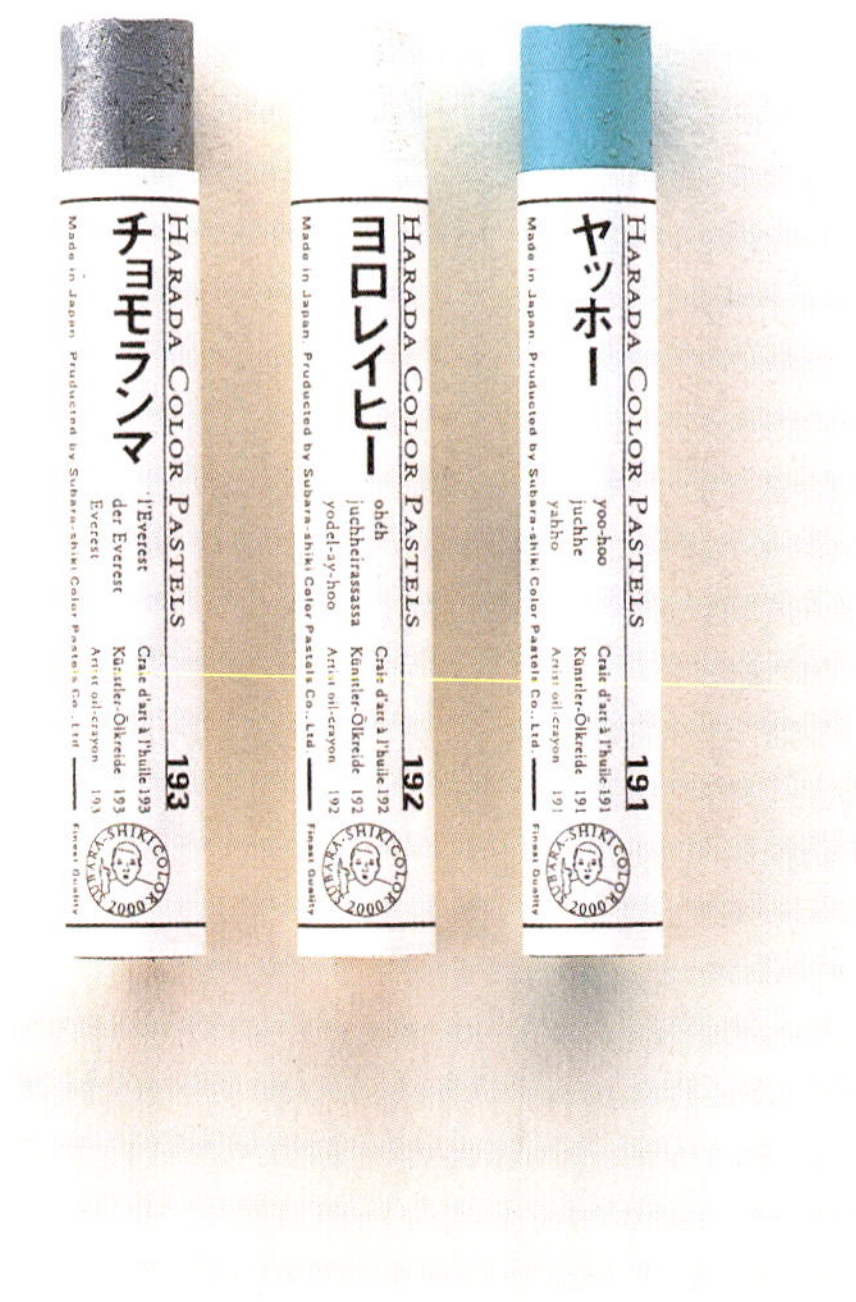

HARADA COLOR PASTELS
チョモランマ
l'Everest
der Everest
Everest
Craie d'art à l'huile 193
Künstler-Ölkreide 193
Artist oil-crayon 193
193
Made in Japan. Producted by Subara-shiki Color Pastels Co., Ltd.
HARADA COLOR PASTELS
ヨロレイヒー
oheh
juchheirassassa
yodel-ay-hoo
Craie d'art à l'huile 192
Künstler-Ölkreide 192
Artist oil-crayon 192
192
Made in Japan. Producted by Subara-shiki Color Pastels Co., Ltd.
HARADA COLOR PASTELS
ヤッホー
yoo-hoo
juchhe
yahho
Craie d'art à l'huile 191
Künstler-Ölkreide 191
Artist oil-crayon 191
191
Made in Japan. Producted by Subara-shiki Color Pastels Co., Ltd.

その他の三原色

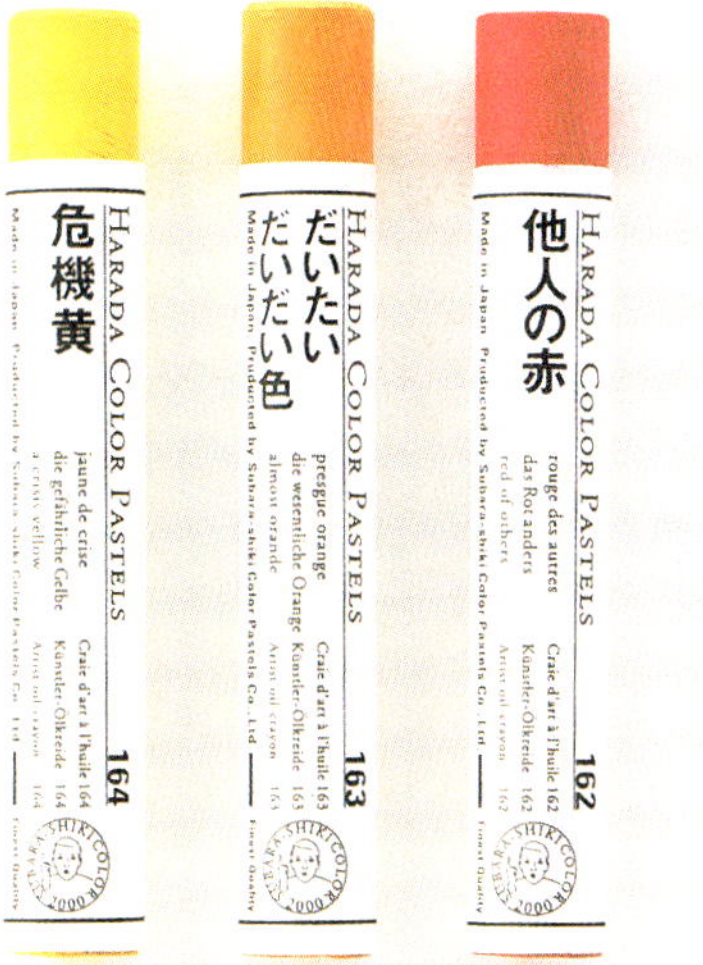
HARADA COLOR PASTELS
危機黄
164
jaune de crise
die gefährliche Gelbe
a crisis yellow
Craie d'art à l'huile 164
HARADA COLOR PASTELS
だいたいだいだい色
163
presgue orange
die wesentliche Orange
almost orande
Craie d'art à l'huile 163
Künstler-Ölkreide 163
HARADA COLOR PASTELS
他人の赤
162
rouge des autres
das Rot anders
red of others
Craie d'art à l'huile 162
Künstler-Ölkreide 162

テーマ

原稿用紙

見当はずれの同音異義語が次々と目の前に現われては消える
ワープロやパソコンは、思考の混乱を招く、という指摘がある。
そのせいか、最近では原稿用紙に戻る書き手が増えているとも聞く。
前テーマを担当した原田宗典氏もその一人であるらしい。
頭に浮かんだ言葉を、一字ずつ文字として書き起こしつつ、
一定のリズムで文章として定着させることが、
切れの良い文章を生み出すことに寄与するのだそうだ。
ここでは、日本語の組版やフォーマットのデザインに深い造詣を持つ
鈴木一誌氏に、原稿用紙のデザインを試みていただいた。

回答者

鈴木一誌

◎商品プロフィール

日本に現存する最古の原稿用紙は、江戸時代中期の考証学者、藤井貞幹のもの。洋紙のものを最初に売り出したのは、東京の相馬屋といわれ、一八九八年頃にイギリス製の紙を利用して二十字十行のものをつくった。現在では二十字十行、二十字二十行のものが普及しておりJIS規格になっているが、四百字詰めが主流になったのは明治末から大正にかけてである。

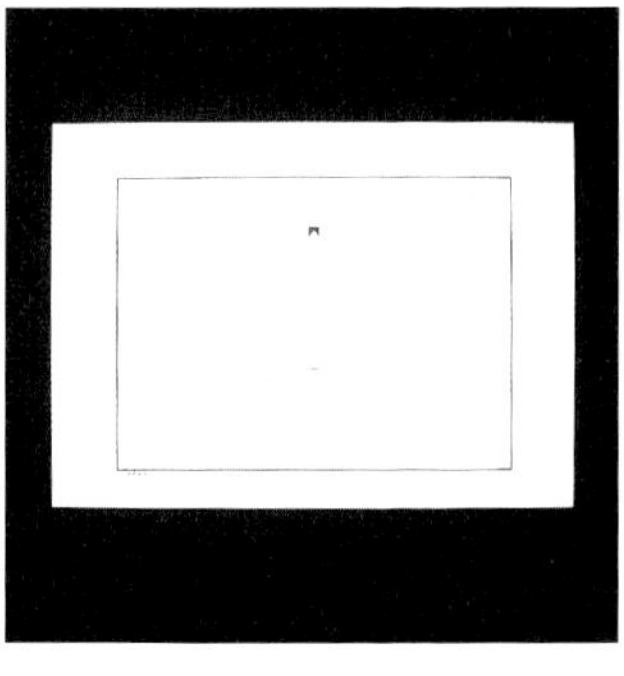

◎原稿用紙制作意図

原稿用紙のまわりで、文字をめぐる問題が渦巻いている。最近、新聞記事が、「ワープロを捨てる作家たち」と、原稿用紙と万年筆に回帰する小説家の動向を伝えていた。ワープロの便利さとその限界が見きわめられ、書く行為が問われている。

原稿用紙の大きな役割は、字数を数えやすくすることだ。それは、編集者や組版担当者に便利であると同時に、書き手のリズムや緊張感につながる。

字数の数えやすさは、行数の数えやすさに行き着く。行数の数えやすさは、紙の重なり、つまりはページの出現をめざしている。一行が二十字でなければならない理由はなく、掲載されるメディアにあわせて、十五字詰めや二十三字詰めなどの原稿用紙を存在させればよい。明治期には、多様な字詰めの原稿用紙があった。

原稿用紙に万年筆で書くことは、保守的な行為ではない。原稿用紙は、ひとマスにひと文字ずつを書くよう書き手に要請しているのだから、デジタルだと言える。連綿となる書字の運動を押しとどめ、字幅ごとに字間を詰めたがる昨今の組版ソフトにも抗している。原稿用紙は、メディアなのだ。

リ・デザインは、字数の数えやすさを基本に、西欧の伝統的な手法で版面を割りだし、マス目を黄金比とした。文中に欧字を書く機会が増えるので、半角を意識した試作もある。二色刷りで、同じマス目が攻めてくる重圧感をやわらげようと、おだやかな変化を演出した。筆記具にとって書きやすい紙を使用し、筆記インキをはじきにくいインキで印刷した。

作業してわかった。原稿用紙のマス目は、文字の仲間だった。紙とひとが出会うところに発生する文字があるかぎり、わたしたちは原稿用紙に立ちもどる。

◎鈴木一誌(すずきひとし)
グラフィックデザイナー。一九五〇年東京都生まれ。東京造形大学在学中より、杉浦康平氏に師事。八五年独立。ブックデザインを仕事の中心にして現在に至る。主な仕事に、『昭和―二万日の全記録』全十九巻、『Japan An Illustrated Encyclopedia―英文日本大事典』、『人物20世紀』(以上講談社)、『知恵蔵』(朝日新聞社)、「シリーズ20世紀の記憶」(毎日新聞社)、『大辞泉』(小学館)、『生体廃墟論』(リブロポート)、『想像力博物館』(作品社)がある。デザイン関係の著作に、「ページネーションのための基本マニュアル」、「明解日本語文字組版」がある。
写真は、『水晶宮物語』(一九八六)

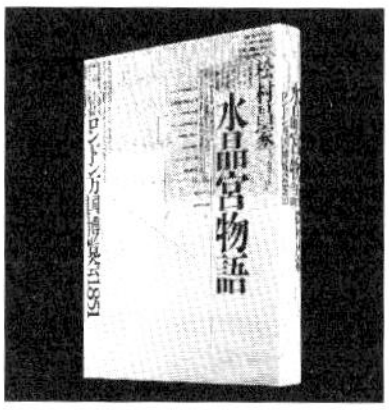

作業してわかった。原稿用紙のマス目は、文字の仲間だった。紙とひとが出会うところに文字が発生する。紙は、ひとと文字を交流させる。

原稿用紙◎鈴木一誌

文字は揺らぎをもちながら読み書きされ、ひとのあいだを渡っていく。書く人間の数だけ字体があるにもかかわらず、他者の筆跡だとその字を認知する。字体に関する共通感覚がひとを結びつけている。

原稿用紙◎鈴木一誌

UCHIDA SHIGERU

SUBJECT: **CD HOLDER**

テーマ

CDケース

CDやフロッピーディスク等のプラスティックのケースがどうも苦手、という人は案外と多いのではないだろうか。開けづらい。キイキイと軋む素材感に馴染めない。集まると案外に重いなどなど、いくつかの理由から、この種のデータ類を整理保存するための便利で美しい紙の文房具を求める声が少なくない。

そこでインテリアデザイナーの内田繁氏に、この問題をお預けした。既に多くの試みが行なわれているはずの器具であるが、内田氏が示した解決への道筋は、意外に素朴でシンプルであった。

回答者

内田 繁

◎商品プロフィール

史上初のデジタルディスクはソニーとフィリップスによって開発され、一九八二年に商品化された。直径十二センチ、厚さ一.二ミリのディスクに最長七十四分収録可能。直径八センチに最長二十分収録できるシングルCDもある。音楽CDのほかに、パソコン用としてCD-ROM、書き込みのできるCD-RAM、オーディオも映像も同時に記録したCD-RやCD-RWなどがある。

◎CDケース制作意図

あのプラスティックに入ったCDは、どう考えても扱いにくいものである。私の仕事机の周辺に散在したプラスティックケースは混乱そのものである。またCDケースからCDを取りだす際の扱いにくさもこの上ない。こうした状況を何らか解決できないかといったもとに考えたのが、このCDハンガーであった。

まずプラスティックケースを紙に変えることによって、その扱いやすさは増した。そして紙のもつ優しさとフレキシビリティが手に馴染むと同時に、紙の薄さが軽やかなものになる。実際このプラスティックケースを紙に変えるだけで充分なのだが、このケースにハンガー機能を加えたならば簡単にハンギングができると考え、CDハンガーとともに提案することになった。整理されたハンガーから好きな音楽を取りだす行為は、少なくともプラスティックケースをガチャガチャ扱うよりもきっとスムーズだろう。何よりも私の仕事机周りのだらしなさが解決される。

◎内田繁（うちだしげる）
インテリアデザイナー。一九四三年神奈川県生まれ。六六年桑沢デザイン研究所卒業。八一年スタジオ80設立。日本を代表するデザイナーとして商・住空間のデザインにとどまらず、家具、工業デザインから地域開発に至る幅広い活動を国内外で展開。毎日デザイン賞、ベスト・ストア・オブ・ジ・イヤー特別賞、第一回桑沢賞など受賞多数。代表作に、「ホテル イル・パラッツォ」「神戸ファッション美術館」「茶室 受庵・想庵・行庵」「門司港ホテル」ほか。メトロポリタン美術館、サンフランシスコ近代美術館などに永久コレクション多数。著書に『プライバシーの境界線』『門司港ホテル アルド・ロッシ 内田繁』ほか。
写真は、「茶室　受庵・行庵・想庵」（一九九三）

半透明の紙素材を用いた袋状のケースはハンガーとして設計されている。

中身の判別がしやすく、取り出しやすい。

CDケース◎内田繁

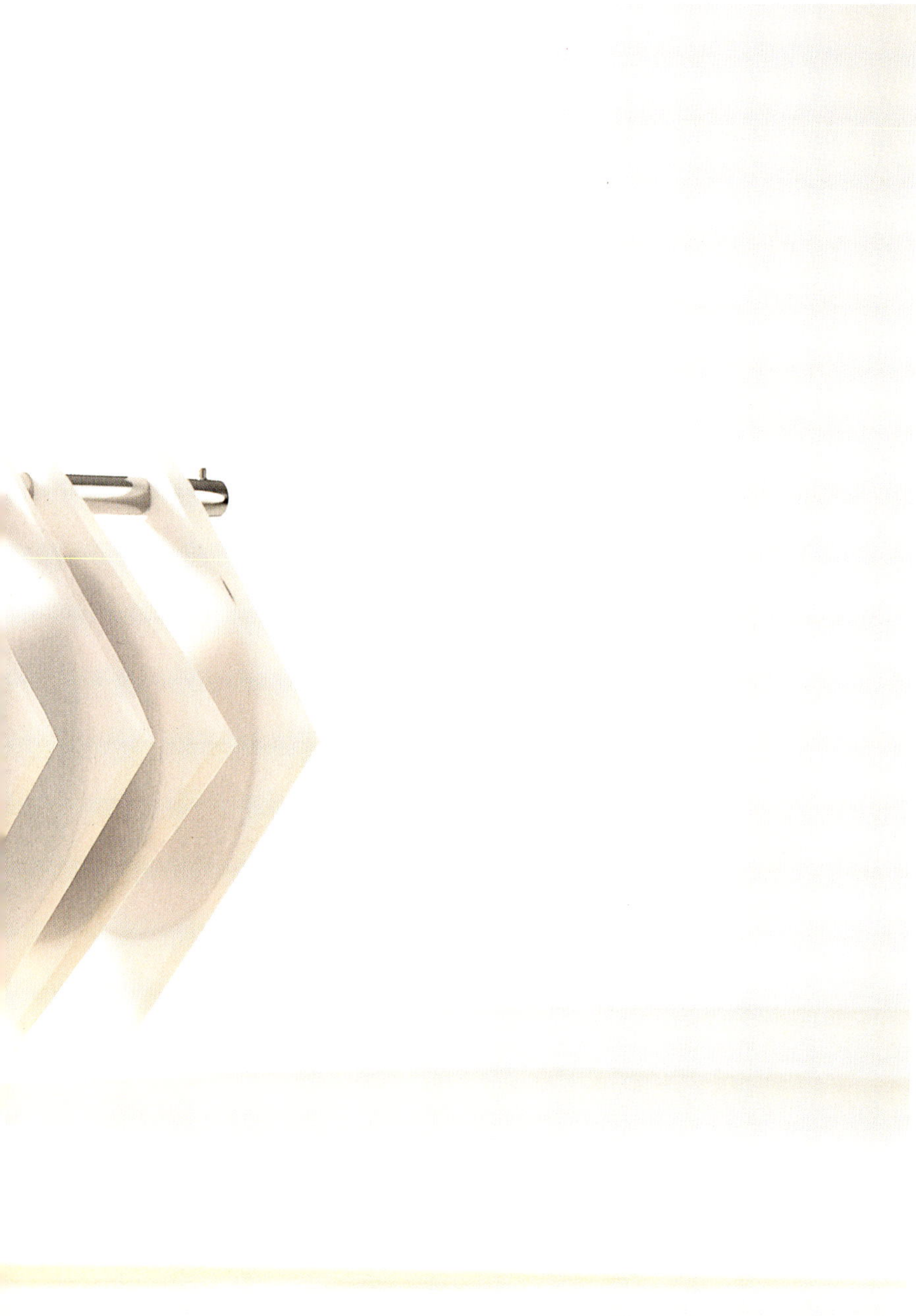

CDケース◎内田繁

テーマ

ティッシュペーパー

遠い記憶の中にちり紙を四つに畳んでポケットにしまう光景がある。
いつの頃からこれがポケットティッシュに変わったのか。
もはや私たちはちり紙の時代に戻れないほど、ティッシュペーパーは便利だ。
しかしながら、次の紙が出かかった半端な状態で室内に存在する
このリアルな「実用性」には、奇妙な気恥ずかしさが含まれてはいないだろうか。
来客の目に触れる場所からはそっと遠ざけ、
室内で写真を撮る場合に、私たちはさり気なくこれを視界からはずす。
おそらくは、ある種のルーズさを露呈してはばからないその外観に対して
微かな抵抗を私たちは覚えるのである。この抵抗感を大事にしたい。
平野敬子氏には「美しいティッシュペーパーを」と依頼した。

回答者

平野敬子

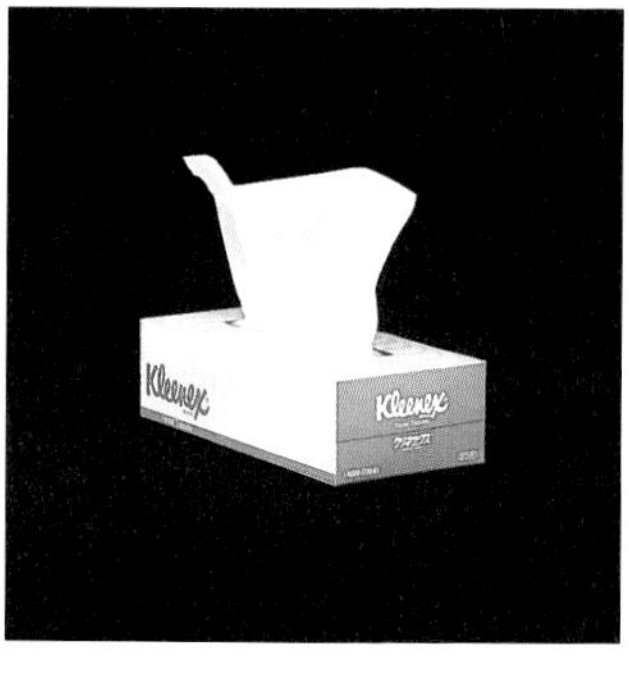

◎**商品プロフィール**
一九二四年、アメリカのキンバリークラーク社で化粧用紙として産声をあげた「クリネックスティシュー」が始まり。現在のようなポップアップ式の開発は二九年。ハンカチ代わりに使用する人が多いため「使い捨てハンカチ」として広告した結果、飛躍的な売り上げとなった。

◎ティッシュペーパー制作意図

ティッシュペーパーは、大量生産が前提である日用品の中でも、機能性が高いシンプルな構造により世界共通のデザインが流通している。プロダクトデザインをモノもしくは個という単位で捉えた場合、ティッシュペーパーは優れた様式の工業製品だと思うが、モノとそれが置かれる空間や環境との関係性という観点をから見た場合、優れているとは言い難い。箱はシンプルな直方体でありながら、底面積の広さと全体のボリュームは意外に場所をとり、皺のよった紙が垂直に飛び出している様は、機能性の象徴でありながらも見た目には美しくなく、独特の存在感がある。今回のリ・デザインでは日常生活の一部となる日用品のデザインの方向性を考える上で、個対環境、部分対全体の関係を相対的に捉えることにより、環境の一部に属するモノという視点からデザインを提案したいと考えた。

まず生活環境の中で比較的目にする規格サイズを持つ五つの工業製品(フロッピーディスク、CDジャケット、ビデオカセット、四六上製本又は辞書、B5サイズのノートパソコン)をセレクトし、それぞれの高さと奥行きのサイズに合わせてティッシュペーパーケースのサイズを設定する。すなわち、CDジャケットのボリュームに近いティッシュペーパーがあったり、ビデオカセットのボリュームに近いティッシュペーパーがあることになる。この方法でサイズを決定していくと、生活の中で見慣れたスケールであることで室内での異物感が薄れ、空間に同化できるのではないかと考えた。箱の色についてはOA機器などに多く用いられているグレーの色を意識的に引用した。

プロダクトデザインをモノ主体で完結させるのではなく、モノと環境の関係性に着目した、空間の一部として成立するデザインの提案。

◎平野敬子(ひらのけいこ)
デザインディレクター。一九五九年兵庫県生まれ。八九年平野敬子事務所設立。九三〜九六年フランスに移住。帰国後HIRANO STUDIO INC.設立。化粧品のパッケージ、CDジャケット、ロゴタイプ・マーク、ブックデザイン、公共広報ポスターなどのデザインから、ポストカードを用いたインスタレーションによる空間に対するアプローチなど、グラフィックデザインをベースにコミュニケーションの新しい可能性を模索する。東京アートディレクターズクラブ賞(一九九三、九四、九八)、日本グラフィックデザイナーズ協会新人賞(一九九六)、ニューヨークアートディレクターズクラブゴールドメダル(一九九八)、日本パッケージデザイン賞(一九九八)、日本サインデザイン賞(一九九九)など受賞。
写真は、小沢健二「dogs」CDジャケット(一九九八)

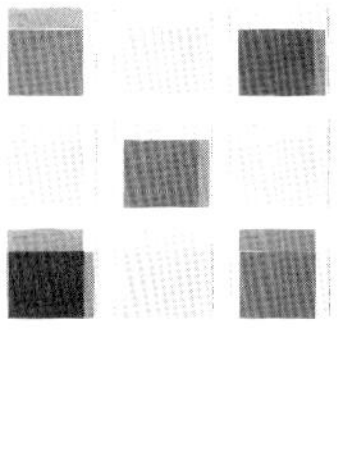

ティッシュペーパー◎平野敬子

空間に同化するティッシュペーパー。上は辞書サイズ。

上はCDサイズ。次ページはサイズバリエーション。

ティッシュペーパー◎平野敬子

テーマ

紙皿

「どうせやるならば、実際に使用できるものをデザインしたい」という織咲誠氏のテーマは「ランチボックス」であったが、制作の過程で「紙皿」になった。

「デザインの本質は発明である」と語る織咲誠氏は、どんなに小さなものでも、そこにデザインの工夫や知恵が含まれているならば、それを見のがさない。

訪れた仕事場で拝見した諸外国の日用品の断片のコレクションは、織咲氏の緻密でデリケートな視点と感受性を物語っていた。

さて、プランはまとまり、現時点で「特許を出願中」という紙皿の出来ばえはいかに。

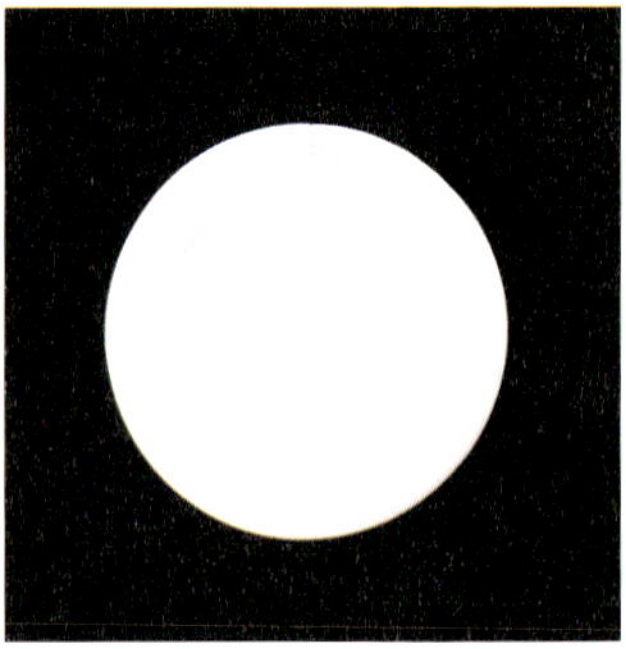

回答者

織咲誠

◎商品プロフィール

紙コップが考案されたのは一九〇八年のこと。当初は社名にちなんで「デキシー・カップ」と呼ばれていた。紙皿の成立は定かではないが、昭和三十九年頃から日本デキシーで紙皿を製品化している。紙コップや紙皿に必要なのは、耐水性、剛性であり、直接食べ物に触れることから、食品衛生法により、表面加工などは細かく規定されている。

◎紙皿制作意図

皿とは何か? 今一度考えてみれば、たいした機能を求められていないシンプルな道具である。多少の汁気を受けとめればよいもの。板切れや葉っぱも時に皿代わりになる。ともすれば、色・かたちに対しての個々人の趣味、感性のみにかかわるもののようである。現行の紙皿については、何も感じないほどのものであるが、ある意味これが普遍なものかもしれない。ここで、表面的な色・かたちを新たに与え演出することは、単なるデザインの意味の拡大解釈になりかねず、本質的なものへの取り組みにならないと考え、あえて、現行商品と同じ条件のなかでのリ・デザインとした。

【1】同一の素材、白色無地――素材や表面デザインは、今後のものとする。

【2】グラス類や缶を「皿と同時に片手で持てる」ようにする――立食対応。

【3】一枚の紙の可能性の追究――技術やデザインの目的、進歩。

上記を念頭に、表現することよりも、『そう成るべくしてできる自然なかたち』を偶然に発見することを待ち、ひたすら、モデル実験をくりかえした。

結果、紙の潜在能力を引き出す「数本の線」を「きっかけ」とし、手にのせた一枚の紙が、平面から立体に連動変化する、シンプルな構造を発見できた。

手と紙のあいだに存在する力を見出し、それらを結び付ける接点を見つけ、関係づける線を調整する作業が、すべてであった。《線＝関係＝デザイン》。

「手による仕事」の心が、紙皿を持つ手を通して伝わることも期待できる。

この紙皿によって、立食における「飲・食」切り替えのまごつきがなくなり、スマートになるぶん、紙やデザインの可能性をはじめ、その他、創造的な楽しい語らいが増える一助になればと、願いをこめてリ・デザインした。

◎織咲誠（おりさきまこと）

インターデザインアーティスト。アートと各分野のデザインの領域を行き来しながら、一つの分野からのアプローチでは解決しにくい問題をクリアするための方法を探る修業をしている。「マルチ」ではなく「トータルなもの――結びつき」を探究している。九七年にフィリップ・スタルクに呼びだされて渡欧。トム・ディクソンがデザインディレクターを務める英国ハビタにて九八―九九年「Hole Works」の個展を開催。現在、数年にわたって温めてきた、数々の構想を実現する準備に入った。URBANART#1 1992 では、大賞「HoleWorksシリーズ」と崔在銀賞「食品シリーズ」を同時受賞（別タイプ作品による一作家二賞同時受賞は史上初）

写真は「Hole Works Typography/ Burger King…"LOVE"（一九九七）

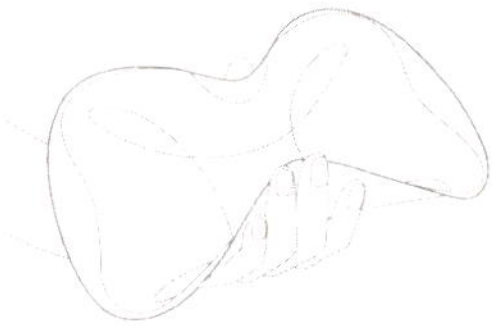

◎にぎることにより形状が保たれる。

◎同時に持つことが可能。立食における「飲・食」の切り替えがスムーズになる。

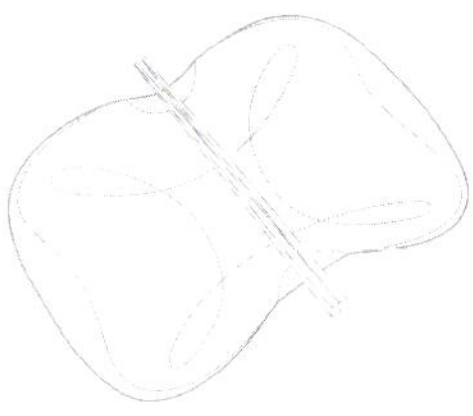

◎箸置きとしての使用も。

紙皿◎織咲誠

紙皿◎織咲誠

BANDO TAKAAKI

テーマ

タクシー領収書

紙というものは、指先に天然物に触れる喜びを感じさせてくれるものだが、タクシーのレシートぐらいの存在感になると事情は違う。ことさらいい紙を使った、立派な領収書が登場しても困ってしまう。資源の無駄であり、実際、財布がかさばって手におえない。しかしこういうモノたちの世界こそ、デザインの意識を通わせてみたい。日常のディテイルに潤いと充実感を積層させていくことが、基本的な生活文化の基礎となることを忘れてはいけない。このテーマは、タイポグラフィを基本として、透徹した緻密さで仕事をされてきた板東孝明氏にお願いした。

回答者

板東孝明

◎商品プロフィール
十七世紀前半のイギリスの辻馬車に起源を遡るが、日本で初めて自動車によるタクシーが誕生したのは一九一二年。二七年には「円タク」(東京市内一円均一だったため)時代を迎える。運賃が初めてメーター制になったのは三八年。七〇年には時間・距離併用メーターによる運賃制度が導入された。九一年には全国一斉に自動領収書発行機が導入され、現在に至っている。

◎タクシー領収書制作意図

タクシーの領収書は、タイポグラフィのコスモスだ。そのささやかな面積の紙切れにひろがる空間は、見方によればきわめて魅惑にみちている。最近では手書きのものがすっかり影をひそめ、ほとんどが印字されたそっけないレシートに変わってしまった。そして、その内容にさしたる深みがあるわけではない。ある時間をかけて、ある距離をタクシーが移動したという証以外のなにものでもない。だが、情報が一枚の紙に流し込まれ、微細な数字と文字の配列が意味をともなって立ち上がるとき、それはある種のコンセプチュアル・アートにもなりうるのではないか、と夢想する。

たかが領収書、されど領収書である。今回、リ・デザインのチャンスをいただいたタクシーの領収書を、そのように解釈してつくったのが発表した作品である。料金・走行距離数・走行時間・乗降区間の四つの情報をモティーフにして、それぞれの数字が生起し遠近を生み、小さな宇宙で記号が息づくような仕掛けを考えた。

たとえば、打ち出されるたびに、文字の配列や大きさがランダムに変化し、混沌とした世界が表わされたらどうだろう。紙の上に投げ出された文字たちが、マラルメの詩(言い過ぎなのは承知のうえだが)のようにいきいきと意味を放ってくれるだろうか? あるいは、こんな情報の錯綜した領収書をもらっても困ると思われるだろうか? 試みの域を越えないにせよ、そういう領収書がほんとうにあったら楽しいにちがいない。たとえば海外に行ったときに、ふと手にした美しい領収証を捨てずにそっと手帳にしのばせるように、この国のタクシーの領収書をどこかの国から訪れた人が、旅の記念としてとっておいてくれたらなら、ほんとうにうれしい。それは無機質な数字の羅列としてではなく、よりいっそう価値のある情報として彼の記憶のうちに残るだろう。そういう思いも込めて、リ・デザインを心がけたのである。

◎**板東孝明**(ばんどうたかあき)
グラフィックデザイナー。一九五七年徳島県生まれ。一九八三年武蔵野美術大学基礎デザイン学科卒。清原悦志氏にタイポグラフィを学んだ後、郷里にて事務所を開設。『ハイ・クオリティ』誌、『グラフィス』誌に作品が特集掲載される。ドイツ・ギュムント造形大学、ブレーメン芸術大学で特別講義。ドイツ・キール市の国際デザインコンペに優勝、一九九六年度「キール週間」でトータルデザイナーとして二年間働く。高知の土佐和紙工芸村、やなせたかし記念館、オーベルジュ土佐山をはじめ、徳島県立近代美術館のアートディレクションを開館以来十年間にわたって担当。最近ではデザインの領域だけでなく、吉野川第十堰住民投票の会の代表世話人として、社会活動にも積極的に参加している。写真は、キール週間ポスター(一九九六)

Cash * Ticket Coupon Card Toll

Signature

j-taxi corporation
Chuo-Daiwa bldg.4f
1-13-13 Ginza Chuo-ku
Tokyo 104-0061 Japan
tel 03-3567-3527
http://www.j-taxi.co.jp

Distance 4.9km

5.24.00 Date

0120-234-678 Call for reservation

Fare ¥1540

uku 3 → Kita-Aoyama 1

Time 23min.

Thank you for choosing **j-taxi**.

Car no.019

Cash * Ticket Coupon Card Toll

Signature

j-taxi corporation
Chuo-Daiwa bldg.4f
1-13-13 Ginza Chuo-k
Tokyo 104-0061 Japan
tel 03-3567-3527
http://www.j-taxi.co.jp

5.24.00 Date

0120-234-678 Call for reservation

Shinjuku 3 → Kita-Aoyama 1

Distance 4.9km Fare ¥1540 Time 23min.

Thank you for choosing **j-taxi**.

39min.

0120-234-678 Call for reservation

Time

j-taxi corporation
Chuo-Daiwa bldg.4f
1-13-13 Ginza Chuo-ku
Tokyo 104-0061 Japan
tel 03-3567-3527
http://www.j-taxi.co.jp

Distance 10.5km

Roppongi 2 → Marunouchi 3

Fare ¥3180

for choosing **j-taxi**.

Signature

Cash Ticket Coupon Card Toll

Car no.004

Cash Ticket * Coupon Card Toll

Signature

j-taxi corporation
Chuo-Daiwa bldg.4f
1-13-13 Ginza Chuo-k
Tokyo 104-0061 Japan
tel 03-3567-3527
http://www.j-taxi.co.jp

6.12.00 Date

0120-234-678 Call for reservation

39min. Time 10.5km Distance ¥3180 Fare

Roppongi 2 → Marunouchi 3

Thank you for choosing **j-taxi**.

Fare ¥2500

j-taxi corporation
Chuo-Daiwa bldg.4f
1-13-13 Ginza Chuo-ku
Tokyo 104-0061 Japan
tel 03-3567-3527
http://www.j-taxi.co.jp

9.14.00 Date

Cash Ticket Coupon Card * Toll

Signature

0120-234-678 Call for reservation

8.5km

Time 27min.

ba 1 → Haneda-Airport 3

Distance

Thank you for choosing **j-taxi**.

Car no.271

Distance 8.5km Fare ¥2500

j-taxi corporation
Chuo-Daiwa bldg.4f
1-13-13 Ginza Chuo-k
Tokyo 104-0061 Japan
tel 03-3567-3527
http://www.j-taxi.co.jp

Odaiba 1 → Haneda-Airport 3

27min. Time

9.14.00 Date

0120-234-678 Call for reservation

Signature

Cash Ticket Coupon Card * Toll

Thank you for choosing **j-taxi**.

Cash Ticket Coupon * Card Toll

Signature

j-taxi corporation
Chuo-Daiwa bldg.4f
1-13-13 Ginza Chuo-ku
Tokyo 104-0061 Japan
tel 03-3567-3527
http://www.j-taxi.co.jp

Distance 2.6km

678
ervation

Jingumae 6 → Akasaka 9

Thank you for choosing **j-taxi**.

Time 13min.

Fare ¥1220

Car no.107

Cash Ticket Coupon * Card Toll

Signature

j-taxi corporation
Chuo-Daiwa bldg.4f
1-13-13 Ginza Chuo-ku
Tokyo 104-0061 Japan
tel 03-3567-3527
http://www.j-taxi.co.jp

Jingumae 6 → Akasaka 9

0120-234-678 Call for reservation

8.21.00 Date

2.6km Distance ¥1220 Fare

13min. Time

Thank you for choosing **j-taxi**.

Time 75min.

j-taxi corporation
Chuo-Daiwa bldg.4f
1-13-13 Ginza Chuo-ku
Tokyo 104-0061 Japan
tel 03-3567-3527
http://www.j-taxi.co.jp

11.4.00 Date

15730 Fare

Distance 41.3km

0120-234-678 Call for reservation

mae-cho 1 → Motohongo-cho 3

Signature

night charge

Cash ** Ticket Coupon Card Toll

Thank you for choosing **j-taxi**.

Car no.008

Cash ** night charge Ticket Coupon Card Toll

Signature

j-taxi corporation
Chuo-Daiwa bldg.4f
1-13-13 Ginza Chuo-ku
Tokyo 104-0061 Japan
tel 03-3567-3527
http://www.j-taxi.co.jp

41.3km Distance

Thank you for choosing **j-taxi**.

Miyamae-cho 1 →
Motohongo-cho 3

11.4.00 Date

0120-234-678 Call for reservation

Time 75min.

Fare ¥15730

Taxi Receipts

Receipt 1
- Cash ✻
- Thank you for choosing j-taxi.
- ¥1540
- hinjuku 3 → Kita-Aoyama 1
- 0120-234-678 Call for reservation
- Time 23 min.
- Date 5.24.00
- Distance 4.9 km
- j-taxi corporation, Chuo-Daiwa bldg. 4f, 1-13-13 Ginza Chuo-ku, Tokyo 104-0061 Japan, tel 03-3567-3527, http://www.j-taxi.co.jp

Receipt 2
- Car no. 019
- Date 5.24.00
- Distance 4.9 km
- Shinjuku 3 → Kita-Aoyama
- ¥1540
- Thank you for choosing j-taxi.
- 0120-234-... Call for re...
- Time 23 min.
- Cash ✻ | Ticket | Coupon | Card
- Signature
- j-taxi cor..., Chuo-Daiw..., 1-13-13 Gin..., Tokyo 104-f, tel 03-3567..., http://www...

Receipt 3
- Car no. 004
- Cash ✻ | Ticket | Coupon | Card | Toll
- Signature
- Distance 10.5 km
- Time 39 min.
- Date 12.00
- Roppongi 2 → Marunouchi 3
- Fare
- Thank you for choosing j-taxi.
- ¥3180
- 0120-234-678 Call for reservation
- j-taxi corporation, Chuo-Daiwa bldg. 4f, 1-13-13 Ginza Chuo-ku, Tokyo 104-0061 Japan, tel 03-3567-3527, http://www.j-taxi.co.jp

Receipt 4
- Car no. 004
- Cash ✻ | Ticket | Coupon | Card | Toll
- Signature
- 10.5 km
- 39 min.
- Distance
- Roppongi 2 → Marunouchi
- ¥3180
- Fare
- 6.12.00 Date
- 0120-234-678 Call for reservation
- Thank you for choosing j-taxi.
- j-taxi cor..., Chuo-Darw..., 1-13-13 Gin..., Tokyo 104-1, tel 03-3567, http://www

Receipt 5
- Car no. 271
- Cash | Ticket | Coupon | Card | Toll
- ✻ Signature
- ¥2500
- Time 27 min.
- Odaiba 1 → Haneda-Airport 3
- Distance 8.5 km
- 9.14.00 Date
- 0120-234-678 Call for reservation
- Thank you for choosing j-taxi.
- Fare
- j-taxi corporation, Chuo-Daiwa bldg. 4f, 1-13-13 Ginza Chuo-ku, Tokyo 104-0061 Japan, tel 03-3567-3527, http://www.j-taxi.co.jp

Receipt 6
- Car no. 271
- Cash | Ticket | Coupon | Card | Toll
- ✻ Signature
- Fare
- ¥2500
- Thank you for choosing j-taxi.
- Odaiba 1 → Haneda-Airport
- Time 27 min.
- Distance 8.5 km
- 9.14.00 Date
- 0120-234-678 Call for reservation
- j-taxi cor..., Chuo-Darw..., 1-13-13 Gin..., Tokyo 104-1, tel 03-3567, http://www

Receipt 7
- Car no. 107
- Cash | Ticket | Coupon | Card | Toll
- ✻ Signature
- ingumae 6 → Akasaka 9
- ¥1220
- 2.6 km
- Time Fare
- 13 min.
- Thank you for choosing j-taxi.
- 0120-234-678 Call for reservation
- 8.21.00 Date
- j-taxi corporation, Chuo-Daiwa bldg. 4f, 1-13-13 Ginza Chuo-ku, Tokyo 104-0061 Japan, tel 03-3567-3527, http://www.j-taxi.co.jp

Receipt 8
- Distance 2.6 km
- Jingumae 6 → Akasaka 9
- Fare ¥1220
- Cash ✻ | Ticket | Coupon | Card | Toll
- Signature
- Thank you for choosing j-taxi
- Time 13 min.
- 8.21.00 Date
- 0120-234-678 Call for reservation
- j-taxi cor..., Chuo-Darw..., 1-13-13 Gir..., Tokyo 104-f, tel 03-3567, http://www

Receipt 9
- Car no. 009
- Cash ✻✻ night charge | Ticket | Coupon | Card | Toll
- Signature
- are ¥15730
- Miyamae-cho 1 → Motohongo-cho 3
- Time 75 min.
- Distance 41.3 km
- 11.4.00 Date
- 0120-234-678 Call for reservation
- Thank you for choosing j-taxi.
- j-taxi corporation, Chuo-Daiwa bldg. 4f, 1-13-13 Ginza Chuo-ku, Tokyo 104-0061 Japan, tel 03-3567-3527, http://www.j-taxi.co.jp

Receipt 10
- Car no. 009
- Cash ✻✻ night charge | Ticket | Coupon | Card | Toll
- Signature
- Fare ¥15730
- Time 75 min.
- Miyamae-cho 1 → Motohongo-c
- Distance 41.3 km
- Thank you for choosing j-taxi.
- 0120-23... Call for r...
- 11.4.00 Date
- j-taxi cor..., Chuo-Darw..., 1-13-13 Gir..., Tokyo 104-..., tel 03-3567..., http://www

目的があれば形なんかついてくるはず

座談会

佐藤雅彦 Sato Masahiko
松本弦人 Matsumoto Gento
西村佳哲 Nishimura Yoshiaki
原研哉（司会） Hara Kenya

松本——歌いながらコンテ描くって本当なんですか。

佐藤——コマーシャルはほとんど。

松本——ほぼそこで曲のイメージなんかもできているんですってね。

佐藤——音は完璧につくりますね。コマーシャルの場合十五秒分、音が時間軸になっていて、それを基準に絵をつけるので、まず完璧に音が最初ですね。

西村——その音はどうやって伝えるんですか。録音しておいて……。

佐藤——口伝えです。最初から「ポリンキー、ポリンキー」って歌い、まずストップウオッチで時間内に入るかどうかを確認してから企画をつくり始めるのが僕のコマーシャルのつくり方ですね。要するにCMは音だって気づいたのが一番最初だったので……。

松本——いつぐらいですか、それに気づいたのは。

佐藤——僕は電通の営業畑にいて、三十一歳でクリエイティブ局に配属になったんです。活躍している人たちはだいたい二十七、八歳なんで、配属されても、いわゆる先輩が後輩を教えるという関係になれなくて、結局一年くらい仕事もなかったんですよ。だから電通内にある資料課というところに毎日行ってました。そこにはカンヌとかクリオとかニューヨークADCとか、世界中の賞を取ったCMが集まっていて、その中か

◎佐藤雅彦（さとうまさひこ）
クリエイティヴディレクター。一八頁参照。

◎松本弦人（まつもとげんと）
アートディレクター。九四頁参照。

◎西村佳哲（にしむらよしあき）
プランニングディレクター。一九六四年東京生まれ。武蔵野美術大学工芸工業デザイン学科卒業。鹿島建設でインテリアデザインや建築企画を経験し、九四年にフリーランスでデザインプロジェクトを手がける。インターネット上での主な仕事は、「SENSORIUM」「SOUND EXPLORER」「サウンドバム」など。働き方研究家でもあり、人の働き方・仕事に焦点をあてたインタヴュー記事をデザイン誌を中心に書き綴っている。

ら自分が面白いと思うビデオを勝手に「佐藤雅彦選抜コマーシャル」というのにどんどん選んでいったんですよ。そんなことをしているうちに、二十いくつかのCMをつくる方法論を見つけたわけです。だからコマーシャルを一本もつくっていないうちからもう十年分つくれるなと思ってにこにこでした(笑)。

フジテレビのクリストファー・ロイドを使ったキャンペーンも「音は映像を規定する」という方法論を使っています。たとえばこのコーヒーカップをこのスプーンでたたくと、チーンという音じゃなくて「オギャー」という泣き声が聞こえたとしたら、あっこれは赤ちゃんだったんだ、コーヒーカップじゃなかったんだという、音のほうが意味をつけるという規則に気づいたんです。そういう方法論から入っているので……。

松本――「だんご三兄弟」は低音から始めようということから入っていると友だちから聞いたんですけど。子どもの曲で低音を使っているのはすごく少ないんでしたっけ。

佐藤――それは、一部のもっともらしい報道を間に受けたもので、実際は普通の曲づくりをしています。しかし、音楽を録るために録音スタジオへ行った時に、歌のお兄さんとお姉さんが、「だんご、だんご」って高い声でやっていて、もうぜんぜんイメージが違ったんです。今までずっとやってこられた方々はこの音程だって言うんですけど、「えっ、でも僕はこれ歌えないですよ」って言ったんです。実際の子どもたちは大人が期待している子どもの音程より少し低いんです。つまり「♪ポリンキー、ポリンキー、ここですよ」と言ったんです。結局、理解してもらって低くしてくれたんですが、それでも僕自身の音程よりちょっとまだ上でした。でもそれは子どもにすごく合っていたみたいですね。

原――佐藤さんの仕事を見ていると、情報というものに対してかなりはっきりした美意識みたいなものをお持ちになっているようですね。そこの部分が僕はすごく大事な

◎湖池屋のスナック「ポリンキー」のCMより「ポリンキーの秘密」。印象的なCMソングで一躍注目された。
アートディレクション＝佐藤雅彦。(一九九〇)

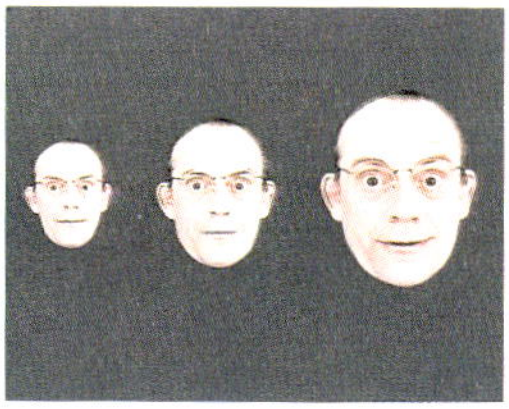

◎フジテレビのキャンペーンCM。アメリカの俳優クリストファー・ロイドの顔の切り抜きと音で構成。
アートディレクション＝佐藤雅彦。(一九九〇)

感じがするんですが。

佐藤——まさにそうですね。実はデザインをするのを最初に勧めてくれたのが藤幡正樹さんなんです。もう二十年以上も前のことですけど、僕がまだ電通のセールスプロモーション局というところにいた頃、藤幡さんが僕のつくった見積表をじーっと見ているんですよ。なにか間違ってますかと言ったら、いや美しいですと言うんですよね(笑)。で、付き合い出すようになって、藤幡さんがデザインってどうお思いですかって聞くから、デザインはわからないです。じゃあこういう見積表とかスケジュール表とか、佐藤さんの身の回りのものはなんでつくってるんですかと言うから、僕は「整理整頓」ということしかないですと言ったんですね。そしたら藤幡さんなんかはガーンとくるわけですよね。デザインを一言で整理整頓だって言ったって。だから僕はすごく表現に対しては狭い接し方をしていると思うんですね、整理整頓という。

たとえばCMなんか、僕は音が情報の半分以上を担えると思っているから、商品名を伝えたくて「♪モルツ、モルツ」「♪ポリンキー、ポリンキー」ってなるわけなんですけど、今までメディアとして優れたところをCMは使いきっていなかったわけですね。音の使い方は何があるかと自分なりに研究する……そういう情報を整理整頓して、無駄なく使うというのが僕のCMのつくり方で、そんなむずかしくはない。ですから話そうと思えば、わかりやすく全部話せます。

松本——でも、言うことは言えるけど、それをちゃんと本気でやるのはなかなか大変ですよね。

佐藤——そうですね。たとえば「ポリンキー」も自分の中で「♪ポリーンキ、ポリーンキ」とかいうのをいっぱいつくるわけですね。ただ、一つだけ「来ている」のがある。CMは情報だからきちんと整理して無駄なく送らなくちゃいけない。言葉は記号化で

◎藤幡正樹(ふじはたまさき)
CGアーティスト。現東京藝術大学美術学部先端芸術科教授。

きますけど、なぜ「♪ポリンキー、ポリンキー」で、「♫ポリーンキ、ポリーンキ」でないかは言えませんね。デザインも整理整頓だと言っても、なぜここにこの要素をレイアウトしたのかを説明するのは非常にむずかしい。

原——西村さんは鹿島という建設会社を辞められて、働き方研究家という肩書きでしばらく仕事をされたり、ウェブサイト「Sensorium」の立ち上げや「サウンドバム」などを手がけられていますが、活動を拝見していると、着眼の基本がとても個人的な感じがします。いわゆる企業のためにとかいうフレームでものを考えるんではなくて、オーロラを見に行ったりシーカヤックに乗ったり、グルジアの子どもの声を聞きたいとか、要するにパーソナルな発想を情報ソースとしてメディアに関わるというようなことを盛んにやっているような感じがして。なんだかその西村さんのメディアへのスタンスの取り方のようなものが、とても気になるんですが。

西村——僕は最初インテリアデザイナーとして仕事を始め、次第にプランナーに移行しました。会社のプランニングの仕事には、この商品を売りたいとか、この土地を何とかしたいといった背景があらかじめ付いていますよね。最初はそれも楽しかったのですが、次第に現代国語の穴埋め問題を繰り返している気がしてきて、自分でオリジナルの本文を書き下したいと思うようになったんです。またその頃僕は、よく会社帰りに松本さんの仕事場に寄って、朝まで世間話をしたり何をするともなく彼が働いている様子を眺めていたんです。その中で、モノに魅力がつくというのは、企画だけの問題ではないんだということがようやくわかってきた。たとえばコンタックスのようなカメラがグッと来る、その魅力の正体は企画書には書けない。数え切れない小さな工夫や気配り、つくり手が投入した時間の内実として、最後にグッとくる何かが形成されているわけ

◎西村佳哲が参加するウェブサイト「センソリウム(sensorium)」のトップページ。センソリウムは「インターネット一九九六ワールドエキスポジション」のテーマパビリオンとして制作された後九七年に再開。九七年のアルスエレクトロニカのネット部門で金賞を受賞している。

◎「センソリウム」の画面より「NIGHT AND DAY」。定点観測する世界の夜明け／日没をリアルタイムに見ることができる。

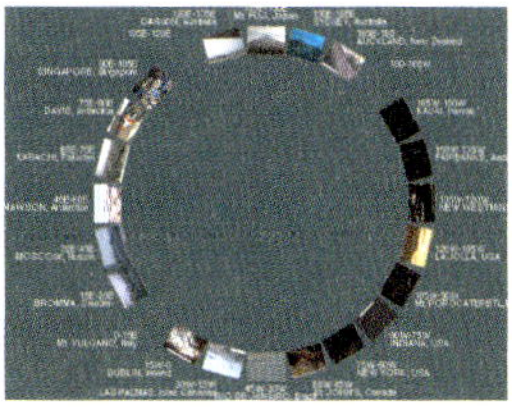

です。それは多分、プランニングという仕事の内側にとどまっていたら、関わることの出来ない領域なんじゃないかと思いました。そのままじゃ、彼の友人としても恥ずかしいですしね。そんな次第で、こういうものがあったらいいなとか、こういうものを見てみたいという個人的なところから仕事を始めざるを得なかったのです。そういうことを、インターネットや雑誌などの上で展開させていただいている。でもやっぱり基本的にはそれしかないというか、表現というのはお釣りみたいなもんじゃないかと思うんですね。

原――それはどういう意味ですか？

西村――つくる側が楽しむなり、探検するなり発見するなり、つくる側の盛り上がりというものがまず先にあって、オーディエンスは常にそのお釣りを楽しんでいるに過ぎないんじゃないかと思うんですよ。映画でも音楽でもデザインでも、なんでもそうです。

松本――このあいだ泊まった旅館のオヤジが同じことを言ってたね。そばを打つところを見せてやるよと言うんだけど、五時から打ち始めるから一分も遅れるなというわけ。最初の三十秒逃したら、そのあとのオレの三十分の説明はまったくわからないからって。じゃあって、五分前に行くとそばを打ち始めるんですよ。するとオヤジが「ダイアナの香り」って言うんだけど、すごい高いワインの微妙な匂いみたいなのが最初出るんです。でもすごく微かなの。だからうんと近くに行って嗅げ、と。一分くらいたつとだんだん強くなってくる。ほらもういい匂いじゃなくなっちゃったろう。これはエリザベスの香りっていうんだ。もう一分すると、ヴィクトリア朝になっちゃうだろう、そばはここがいちばんおいしいんだ、だから客に出てるのはかすかすのもの、お釣りみたいなものなんだよねって。赤塚不二夫も同じことを言っていた。自分がやっているところがいちばん楽しくて、まあ読者が読んでいるのは僕の屁みたいなもんですからと。ちょっと高飛車だけれども。

◎西村佳哲の企画・制作によるサイト「サウンドバム（Sound Bum）」。世界中にあふれる音を聴いたり録音したりしながらフィールドワークしながら旅をするというもの。

原——ところで、ゲームに入り込んでいる松本さんは見えないところが多くて。ゲームの世界で何をしようとしているのか……。

松本——打倒佐藤ですよ。「I.Q.」より売れようと思って（笑）。最初にグラフィックデザイナーでゲームをつくるのは僕だろうなと思っていたんですけど、やっぱり「I.Q.」が出た時はちょっとショックでしたよね。あれはグラフィックデザイナーがつくるゲームの一つの回答としてむちゃむちゃ正しい。ああいったものを本当はつくりたかったんですよ。だけどもう出来ちゃってるし、同じところで勝負してもかなわないだろうってんで別のをつくっているんですけれども。

　僕は飽きっぽいんですよ。グラフィックデザインに厭きるわけではないんですけども、いろいろ目先を変えておかないと自分が厭きてしまうんです。だからゲームをやっているんじゃないかな。今つくっている任天堂のゲーム「動物番長」が僕にとって初めてのゲームでもう三年かかってます。ゲームをつくるのはすごく面白いですよ。小さい頃からゲームばかりつくってましたから。アメフトゲーム、ピンボールでしょう。それから捕鯨ゲームとか、八角形のオセロとか、そういうものをつくるのがすごい好きで、たとえばアメフトゲームなんて、今考えても子どもがつくったにしてはかなりよく出来ていると思う。というか、アメフト自体がよく出来ているんだよね。あれはすごいテレビゲーム向きにできているスポーツですよ。

原——なるほど。ところで、松本さんはノースウエストのマークの発案のプロセスを批判をしてますね。あの感覚はおもしろいと思うんですが。そのへんをちょっと詳しく話してもらえませんか。

松本——ノースウエストのロゴを批判したのは、美学がまったくないと思うからなん

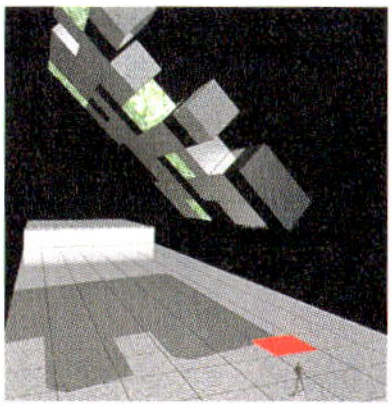

◎テレビゲーム「I.Q. Final」（一九九九）の画面。一九九七年に発売された「I.Q.」の新バージョン。クリエイティヴディレクション＝佐藤雅彦／デザイン＝中村至男。

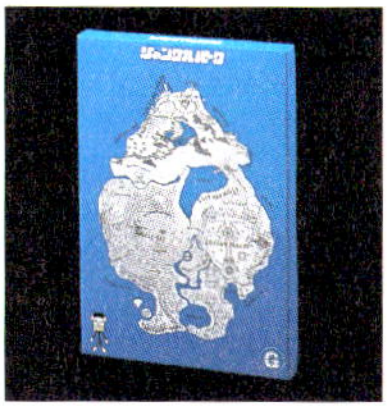

◎松本弦人が手掛けたCD-ROM「ジャングルパーク」（一九九六）。I.D.Design Distinction Awordのインタラクティヴ部門賞を始め、さまざまなタイトルを総なめにした感のある傑作インタラクティヴCD-ROM。

です。まあ、アイデアとしては悪くないですよね、きっと。NとWを組み合わせて、あっ、ちょうど北西じゃんみたいな感じだけなんですよ。それが飛行機にドカンと入っても、いろんな人たちが出発前に眺めて、考えたり思ったりするというようなところがまったくデザインされてないんですよ。なんかつまんないことを、めちゃめちゃでかい声で言われているような気分の悪さということだと思うんですけれども。逆に葛飾区のロゴはすごくよくて、「カ」が四角くなっていてカッシカクなんですけど(笑)、葛飾区のロゴとしていいんですよ。プロがやっているんじゃないと思うんだけども、だからほどよい仕事だったのかなと。つまり等身大な仕事としてプロジェクトが出来上ったみたいなことなんだと思うんですけどね。

原――でも世の中に出てるマークはほとんどそっち(ノースウエスト)のほうが多いわけで、そういうデザインをわりとすんなりと否定して、女子高生をティッシュボックスにポンと刷り込んじゃったり、ゴミ袋に新幹線や人の顔を刷り込んだり……。

松本――もともと暴走族と思われてるからね(笑)。暴走族じゃないんですけど。そういう地のまんまでやっているというところが原さんから見ると不思議だったりするだけで、僕自身はぜんぜん不思議ではなくて、というところなんじゃないですかね。

原――そうですか。それはそうと、世の中にあるデザインに対する妙な思い込みみたいなものに、時々居心地の悪さを感じてしまうってことないですか。

松本――たとえばどんな感じですか。

原――たとえば地下鉄がホームに入ってくると、模様がくっついたりしてますよね。あれはやっぱり社会の中でなんかデザインをしているという気持ちでやっているんだと思うんですね。ああいうのはどうですか。

◎葛飾区のマーク。公募により昭和二十六年に制定された。

◎写真家井上よういちのスクリーンセイバー「LOVE TASTE」のパッケージ。デザイン=松本弦人。(一九九六)

佐藤――今おっしゃったことはやっぱり同じように感じていて、いろんなしがらみというか、記号的なことがべたべたと深く関与してきているなと思うんですね。たとえば地下鉄の脇に花柄をつけるとか、記号的には花という明るくて希望的なものがつくということで、一見プラスですよね。ただ、僕なんかもそうですけれども、多くの人は必要ないかも、と思っているわけですよね。記号的にプラスだけれど、イメージ的にはマイナスというものはあると思うんですよね。ところが社会が大きくなって複雑になっていくと記号のほうが強くなってくるし、そういうしがらみで、デザインにいろんなものが関与してきているというのがあると思うんです。それをこのリ・デザイン展で見直すというのはとてもいいなと僕は思ったんですね。

僕が担当した「出入国スタンプ」は、その地下鉄の花のような社会的なしがらみがなかったんですよ。結局は今のものでいいんだなというのがわかったんです。正直言うと。ここに余分なニュアンスのものがあるとしたら、地下鉄に花をつけているようなものなんじゃないかと思って反省しているんですけれども。

原――でも、今まで寡黙でありすぎたメディアにちょっと喋らせてみるとそのメディアの持っていたもともとの力がよくわかるという面白さもあると思うんですが。

佐藤――最初に出入国のスタンプの話が原さんから来た時に、僕も原さんがおっしゃったように、もっとウェルカムなスタンプがあってもいいんじゃないかと思ったんですよね。しかし、考えていくうちに、ニュートラルで、この国はウェルカムでもウェルカムでもないっていうほうが、もしかしたら出入国スタンプとして適しているのかなとも感じました。ただ、ウェルカム・スタンプを見た時に嬉しいという気持ちをちょっと起こすというディレクションの方向でやってみたほうが、今回の主旨だと思い、そちらでやってみたんです。

しかしその時にちょっと疑問に思ったのは、「ゴキブリホイホイ」というのが項目としてあります、と言われた時に、僕は今のダサイあれが、ゴキブリを捕まえる一番いい形になっているんじゃないかなと思ったんですよ。「ゴキブリホイホイ」は確かにダサダサですよ。でもゴキブリを捕まえるのには、気持ちとしても一番いい具合に積極的になれる機能とデザインというか……。

出入国スタンプもそうなんですけれど、揉まれているうちにそういうニュアンスのところは全部なくなって、一番使いやすい形になっているものもあるわけですね。「ゴキブリホイホイ」とか「出入国スタンプ」は、もしかしたらかなりいい具合にデザインの要素が抜けているんじゃないかなと。逆に時間とか世の中の人が多く使うことによって、リ・デザインされているんじゃないかということをちょっと感じました。「ゴキブリホイホイ」を開発している人たちはすごくゴキブリを実験に使ってると思うんですよ、実際は。

松本——二万匹くらい飼ってますよ！

佐藤——「ゴキブリホイホイ」に入るときの角度とか、後戻りできない角度とか、ものすごく研究していると思うんです。そのノウハウたるや尊敬に値するというか、ありがたいものですよね、僕たちにとって。それはもう敬わなくちゃいけないことかなと思って。

松本——今回は基本的に展示物じゃないですか。展示物として強くなければだめだということもデザインの課題の中に入ってますよね。実際に現在のスタンプが持つ「押される」という行為や機能がまったく無視されちゃいけないと思うんですけれども、展示物としてそこにメッセージなりインパクトなりがあるということも重要なんじゃないですかね。僕は後半はそういうつもりでやったんですけど、最初はまず自分が「こんなのあったらいいよな」というところから始まっていったというような感じなんです。

でもってゴキブリの話に戻るんですけど、二万匹飼って研究しているみたいな部分って、最近ちょっと気になっているところでもあって、デザイン自体、MACが一台あればデザインがインスタントに出来上がっていくみたいな、「デザイン・イカ天状態」みたいなことがずっと続いてますよね。僕らはデザインするうわべの部分みたいなものが、ある意味でデザイナーとしての武器だったりするわけですよね。でも今までの経験とか知識がどんどんソフトウェアになっていって、温度差がなくなってきてる。極端な話、毎日判子を押している人がデザインしたほうが、もしかしたらいいデザインができちゃうんじゃないか、なんて気が最近してるんですよ。

西村——それは、そのほうが機能的だろうということだけじゃなくて、それを超えた何かもそこにあるんじゃないかということですか。

松本——そうですね。まずどう発想するかがあって、そのデザインを詰めていく作業自体をアシストしてくれるツールとか環境が揃ってきつつあると、もはや毎日そのもの自体に接している人がつくるほうがいいのかも、という気がする。

佐藤——うん、僕もそう考えていて、ある目的を達成しようとはっきりしている人は形なんか気にしないですよね。その上で、達成するために改めて形を考えると、新しい今までにない形が生まれることがあると思うんです。だから科学技術なんかものすごく新しい形をどんどん出して枠組みをどんどん壊してきている。なんかあれはデザイナーの自由な発想という、クリエイティヴなところからは生まれないんじゃないでしょうか。

そういうことはすごく頼もしいところがあって、僕は最初すごく狭いところからデザインを見ていると言いましたけれども、僕はやっぱりそこから見たいなっていつも思っているんですよ。

松本――やりなおすことはできないんですか。

原――佐藤さんのおっしゃることはわかりますけど、リ・デザインは差異を意図的につくりだす実験なんですね。実験の目的は必ずしも実用の現場でベストの答をだすことじゃない。今回の「ゴキブリホイホイ」が今、実用に供されているものに勝てるかというと、わからない。しかしそこに新しく差異をつくることによって。あっ、デザインというのはこういうことなのね、ということが残像のように見えるはずなんです。残像効果として新しいものも古いものも、そこにのっかっているデザインが見える展覧会なんですね。

松本――一般の人にとっては、「あっ、これがデザインなんだな」というふうにわかったというのじゃなくて、「これが『ゴキブリホイホイ』なんだな」という思わせた時点で成功なんじゃないかな。

原――ああ、今あるものがね。

松本――うん。

原――ああそうですね。それでもいいですね。

西村――イタリアのデザイナーで、アッキーレ・カスティリオーニという人がいます。昨年彼にインタヴューをした時、デザインとはものごとを観察したり発見することだという話に始まって、デキャンターの話を耳にしたんです。イタリアのレストランへ行くと、ワインの入ったデキャンターがありますよね。ボディがこう緩やかにカーブしています。そのデキャンターをデザインする時、ワインを注ぐ人がそのカーブに気付いてしまったら、デザインとしては失敗なんだ、という話が出てきた。デザインされているということにも、デザインそのものにも誰も気づく必要なんてない。それに触れている人々が、知らず知らずのうちに心地良くなるということがデザインという仕事なのだという話で、それはもっともだなと僕は思ったわけです。デザインに元気があっても、人に元気がなかったら意味がない。デザインの目的は、それを触媒にして人々が自然に心地よくあったり、元気であったりすることですよね。ところが一方で、デザインないしつくり手の存在がすごく透明である、ということが人に元気や力を与えるかというとそれはまた違います。極端な例えですが、ロックコンサートでいちばん盛り上がっていて元気なのは、観客であってアーティストではない。いいステージにおいては。観客のワーッという力を引き出すのが彼らの仕事なわけだけど、この時アーティストが透明である必要はなくて、やっぱりドーンといてなんかやるわけです。そこが破け目になるわけですよね。佐藤さんがおつくりになったスタンプであるとか、松本さんがつくっているスコアも、ゲームそのものの進行からいったら邪魔かもしれないし、地下鉄の花のようなものかもしれない。ですが、そこからちょっとした力をもらう部分もすごくあるんじゃないですか。

松本——いや、まったくそのとおりで、僕は今回ボウリングのゲームのデザイン自体はまったくなにもしてないんです。今回やったのはこっちのほうが美しいとかというようなデザインではなくて、ロックコンサートのスーパースターみたいな部分ですよね。足していく、付加していくというふうな。ボウリング自体のデザインはまったくしてないんですけれども、スコア表にそういうふうなデザインを施して、何かを助けるようなというようなことをさせてもらったということですね。だからデキャンターのラインが曲がってるって気づかないように曲げるみたいな部分というのは今回僕はやらなかったんですけれども。

原——目立たせるか、見えなくするか、それはおそらく発想の表裏なのでしょう。そういうコントロールが意識化されればいいんでしょうね。

［二〇〇〇年一月十七日／朝日新聞社有楽町マリオン会議室にて収録］

テーマ

紙の照明

紙の照明器具と聞いて多くの人が思い出すのが、イサム・ノグチの「AKARI」ではないだろうか。

岐阜提灯の技術を生かした優美かつ簡素この上ないデザインは、洋の東西、クラシックからモダンを問わず、あらゆる空間にマッチし、シンプル、ローコスト、コンパクトという優位点も加わって、もはや世界中の都市の明かりの定番となった感がある。

これを右に置くと新たな照明器具に挑む気持が萎えるほどである。しかしあえて、このテーマに新しい着眼を探してみたい。

空間デザインの世界に常に鮮度の高い空気を送り続ける吉岡徳仁氏が、まったく新しい角度からこの課題に挑む。

◎商品プロフィール
二十世紀を代表する日系アメリカ人の彫刻家イサム・ノグチが一九五一年にデザインした照明彫刻「AKARI」シリーズは、岐阜提灯から着想を得て、和紙と竹で構成された照明器具。何度も改良が加えられ、八四年まで新作が発表され続けた。現在も市販されている。

回答者

吉岡徳仁

◎紙の照明制作意図

イサム・ノグチを圧縮する。

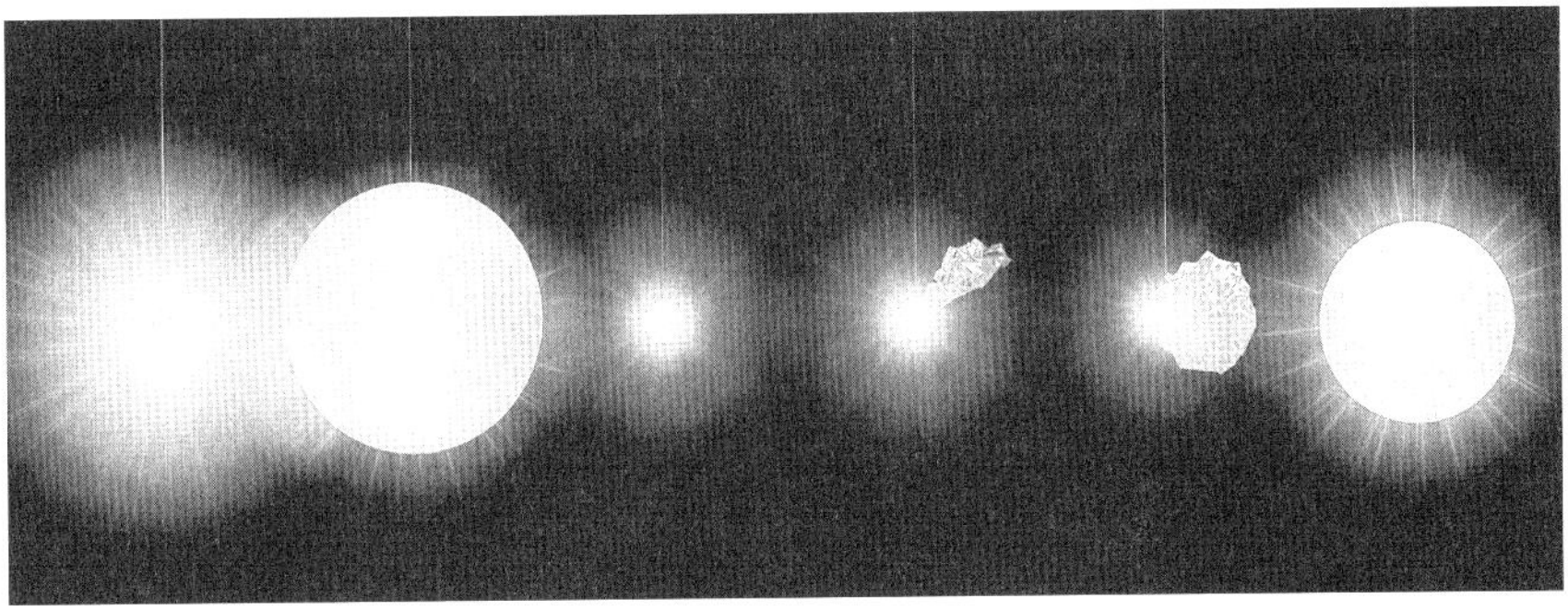

◎吉岡徳仁（よしおかとくじん）
インテリアデザイナー。一九六七年佐賀県生まれ。八六年桑沢デザイン研究所卒後、故倉俣史朗氏に師事。八七年三宅デザイン事務所入社。九二年よりフリーランスとしての活動を開始。「ISSEY MIYAKE AOYAMA」「A-POC」などのショップインテリアおよび、美術館における空間デザインなどを多数手がける。
写真は、「ISSEY MIYAKE MAKING THINGS」展（パリ・カルティエ財団）会場構成（一九九九）

紙の照明◎吉岡徳仁

紙の照明◎吉岡徳仁

テーマ

ゴキブリホイホイ

竹山聖氏の建築は静的であり、
沈黙の中に豊饒を包むたたずまいがある。
要するに、とても静かであり、さらに美という点で饒舌だ。
ゴキブリホイホイもまた本質的に沈黙を含み、
したたかな機能をも内蔵しているが、
美ではなく俗を飾りたてることでその沈黙と機能を覆ってみせる。
モダンなデザインを一蹴するその存在感。
竹山聖氏がこのテーマにのぞむとどうなるか。
難しいコースへのサービスのような問いかけに、
竹山氏は気持ちのいいリターンエースを二本、返してくれた。

回答者

竹山 聖

◎商品プロフィール
一八九二（明治二五）年創業のアース製薬によって一九七三年に発売された「ごきぶりホイホイ」は、発売されるや爆発的人気を博す。その後、何度も改良が加えられ、最新のものはデコボコ粘着シート入の「ごきぶりホイホイ」。また、「ねずみホイホイ」「ダニアース」「ゴキジェット・プロ」など、日本を清潔にするさまざまな商品が開発されている。

◎ゴキブリホイホイ制作意図

【欲望】

こんなんでゴキブリ捕れるかあ？ わからんな、でもあいつら狭いとこ好きやん。けど入りにくいんちゃうか？ 入りにくい方が入ってみたいっちゅう欲望かきたてんねんで、そもそも建築は「欲望の収容装置」やからな。ゴキブリに欲望あるんか？ どやろ？

【狭き門】

まったくもう。いくら隙間に身を隠すのが身上の僕らのためだって、こんなパサージュまでデザインしてくれなくったっていいようなもんだよな、太鼓橋みたいなベロがついていたりして、つい逃げ込みたくなっちまうじゃねーか。「虫生、狭き門より入れ」ってのがヤマと兄弟こさえたカーチャンの遺言だから、そいつ守ってさ、遠くに見える光りに向けて歩みを進める。なんてヒロイズム！

【無地の逆説】

無地のボール紙が無地であるがために何者をも何事をも許容する気配を漂わせるのであって、自身を地に還元する契機を自身の内に内蔵している。これがその素材としての属性である。図としてではなく地として、事物と事物の間隙に身を潜めつつ気配をすら消し去ること。しかも単純かつ禁欲的な形態に身をやつすこと。潜め、消し、やつす。いわば地としての風景と化すこと。これが計画に当たっての出発地点であった。ところが周囲の塗り込められ飾り立てられた風景の中にあってかえって際立つという逆説が成立しているというのが今日的状況であって、たとえば無印良品は「MUJI」というブランド名を纏って、近年ロンドンに続いてパリに進出し、彼の地では期待される日本的美すなわち「禁欲と沈黙のさなかの美」のイメージと重ね合わされ、その無地の特性故に高級ブランドとして受け入れられているのであるが、さながら一服のロー・ミネラルがヴァン・ショーやホット・ウィスキーの濃厚な香の酔いを醒ましてくれるのにも似て、放埒な資本の自己露出的欲望の表出形態に飽いた人々にとっての透明な時の停止を司っているように見える。あるいは氾濫する川に残された州にかろうじてすがる現代人の心のささくれの痛みの反動を証立てているのやもしれぬ。そしてそれが逆説的に一つのブランドとしてのアイデンティティを確立してしまうところが今日的風景なのであって、なにもないことの強み、何者でもありうることの強み、匿名の、禁欲の、沈黙、さらには無為であることの際立ちである。いわば欲望のエチカ、禁じられた事物の強靱、沈黙の豊饒にこのゴキブリホイホイは捧げられている。

◎**竹山聖**(たけやませい)
建築家。一九五四年大阪府生まれ。京都大学を卒業後、東京大学大学院に進学。博士課程修了。大学時代から活発な設計、批評活動を展開。七九年設計組織アモルフ創設。九二年より京都大学助教授。古代都市遺跡を訪れ、都市発生を探究している。九一年アンドレア・パラディオ賞受賞。九六年ミラノ・トリエンナーレ日本チーム・コミッショナー。主な作品に九三年「Blue Screen House」(アーキテクチュア・オブ・ザ・イヤー'94受賞)、九四年「周東町パストラルホール」、九八年「山本寛齋本社ビル」など。「第二十二回日本文化デザイン会議'99鹿児島」では議長を務める。

写真は、「a studio for the bachelor」(二〇〇〇年十月竣工)

ゴキブリホイホイ◎竹山聖

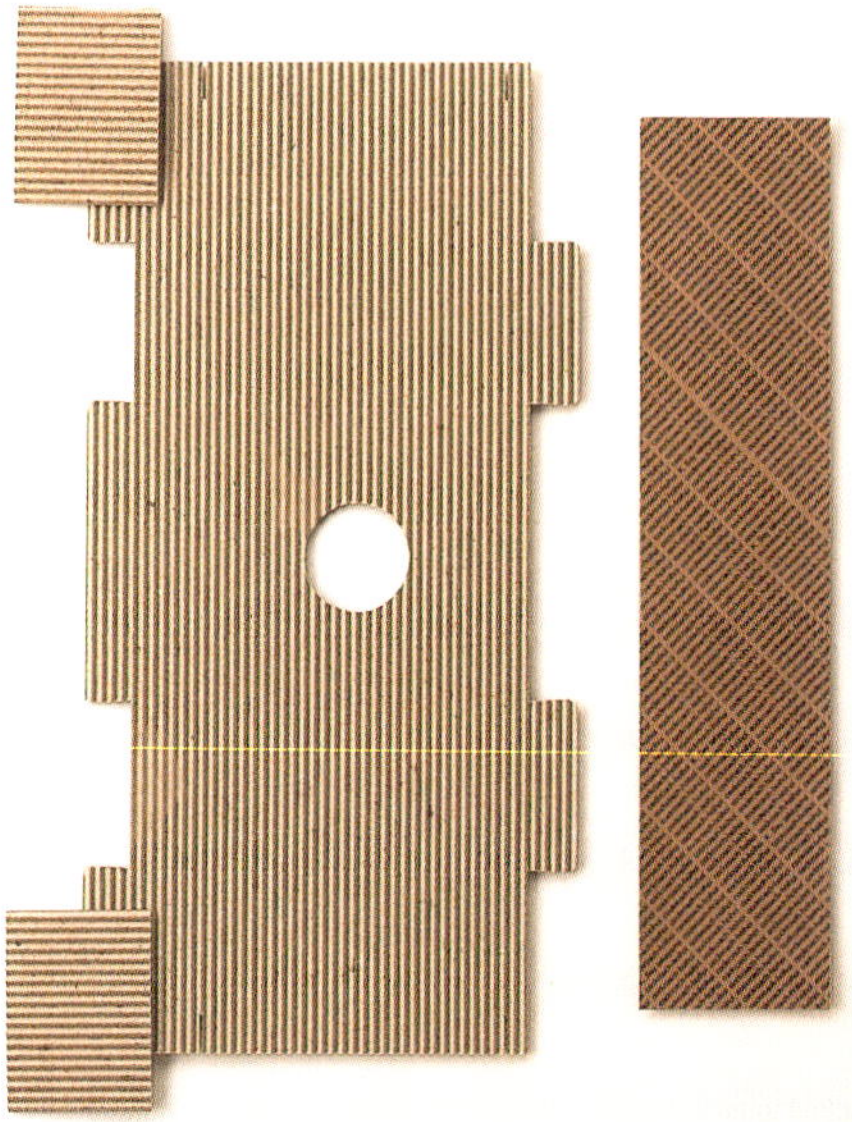

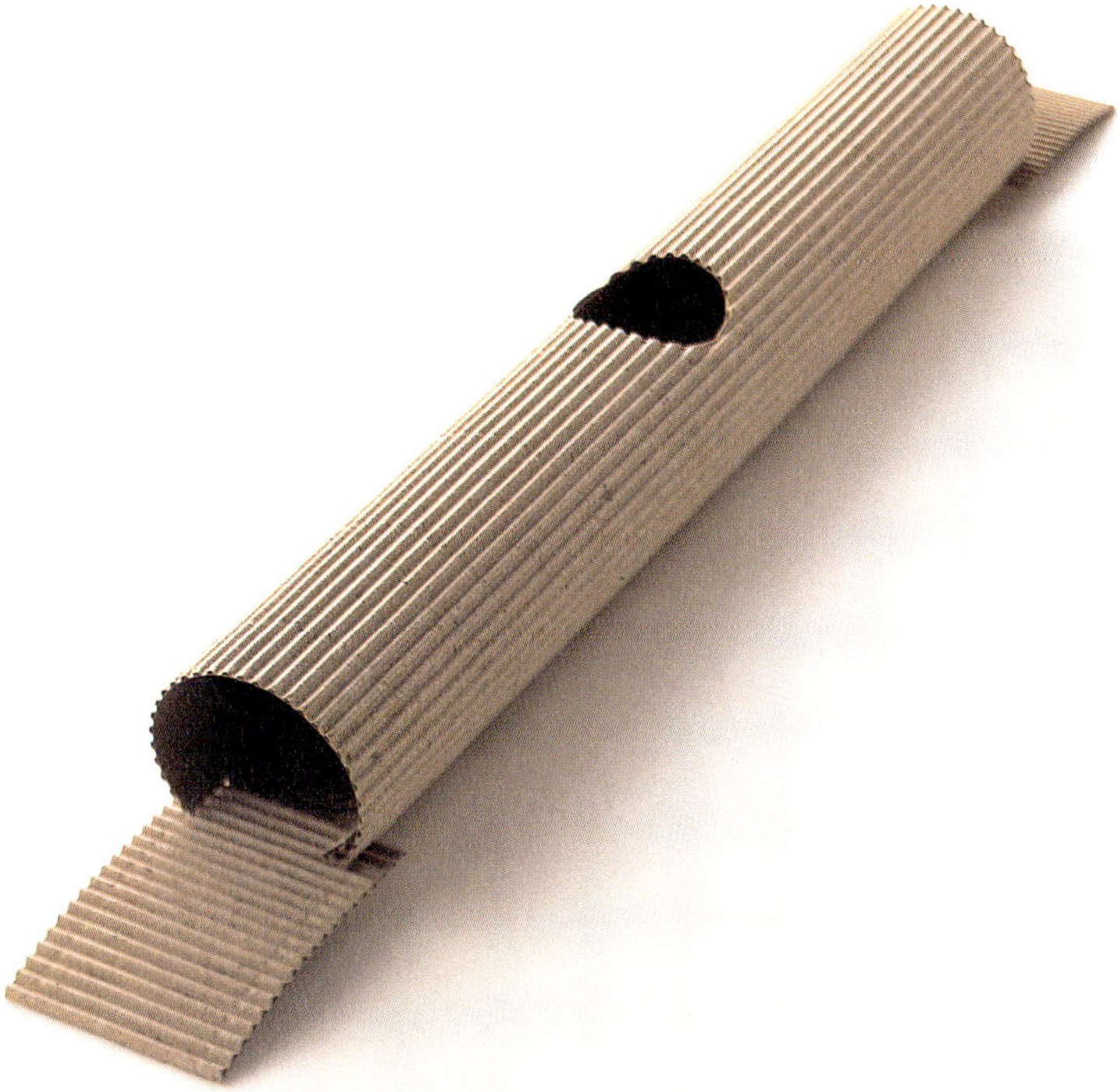

ゴキブリホイホイ◎竹山聖

テーマ

金魚すくい器具

縁日の金魚すくいで用いられる器具は「ポイ」と呼ばれるそうだ。
昔は針金で出来ていたが、最近ではプラスチックに切り替わっている。
器具の直径はビール瓶の胴径と同じであることから、その製法が偲ばれる。
それなりに優れた風流を実現しているものであり、
簡単にリ・デザインを許さないものであることは間違いない。
さらに、この器具は、他の紙製品と違って、
「破れていく風情」や「縁日の景観創造」といった部分にも見どころがあり、
このような難題は、「老人力」の命名や「タンポポ・ハウス」の設計など、
独自の創造性を発揮されている建築史家、藤森照信氏に
取り組んでいただくテーマとして、ふさわしいと考えた。

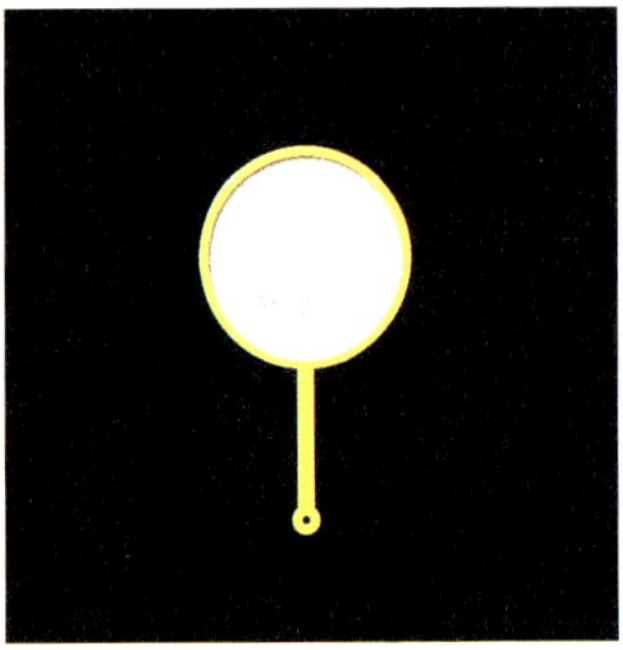

◎商品プロフィール

金魚すくいの器具のことを「ポイ」という。
語源は「破れて使えなくなるからポイ捨て」。
ポイの枠は昔はビール瓶に針金を巻いて
紙を貼っていたため、現在でもビール瓶と
ポイの直径は同じである。

回答者

藤森照信

◎金魚すくい器具制作意図

子どもの頃、いまでも同じだろうが、私は金魚を一匹だってすくえなかった。持ち上げると、すぐ破れてしまうのである。上手な人をみていると、紙付きの輪（何という名なのか?）を持ち上げず、半ば水面に浸けたような状態で、容器のところまで運び、流し込むように入れていたが、子ども心になんだか「金魚すくい」というより、「金魚流し」という感じで、反発を憶えた記憶がある。

あれこれ改良を考えてみたが、現行の形式は完成していて、ちょっと変えようもない。たいていの人は失敗するが一部の人だけ得をする、という条件を満たすのは他の方法ではむずかしい。

行き詰まった時、フト思い付いたのはコイノボリ。子どもの頃、池に金魚を放したら、コイが呑み込み、そして吐き出した光景が頭の隅に残っていたのだろう。コイは金魚を呑む、のであれば、コイノボリだって金魚を呑み込めるに違いない。

というように考えて、コイノボリ状の金魚すくいをデザインしたのである。

まず、水の中にゆっくりと入れ、前方に静かに移動させる。すると水がコイノボリにおける風のように、紙の筒の中を流れはじめ、形が整う。ここまでがうまくゆかぬと、何も始まらない。つぎに、ゆっくりと金魚のほうに近づける。この時、テキはどうでるか。前方に逃げられたら、何も始まらない。気づかずにじっとしているか、後方に逃げたらしめたもの。飛んで網に入る夏の金魚。紙筒の半ばまで来た頃に、クルクルと巻いてからめとるのである。

万一、うまくゆくようなら、紙筒にコイの姿をプリントしよう。たくさんの金魚と、いくつかのコイ。水槽の中は池の光景と化すに違いない。

◎**藤森照信**（ふじもりてるのぶ）
建築史家。一九四六年長野県生まれ。東京大学生産技術研究所教授。『明治の東京計画』（岩波書店）で毎日出版文化賞、『建築探偵の冒険・東京篇』（筑摩書房）でサントリー学芸賞、「赤瀬川原平邸（ニラ・ハウス）」で日本芸術大賞、一連の論文により日本建築学会賞（論文）受賞。その他の著書に『近代日本の異色建築家』（朝日選書）『日本の近代建築（上・下）』（岩波新書）『建築探偵東奔西走』、『建築探偵雨天決行』、『建築探偵神出鬼没』、『建築探偵奇想天外』（以上朝日文庫）など。建築作品に「神長官守矢史料館」「タンポポ・ハウス」「ニラ・ハウス」「一本松ハウス」「秋野不矩美術館」がある。
写真は、『タンポポ・ハウスのできるまで』（朝日新聞社／一九九九）

紙の部分は筒状に設計されている。

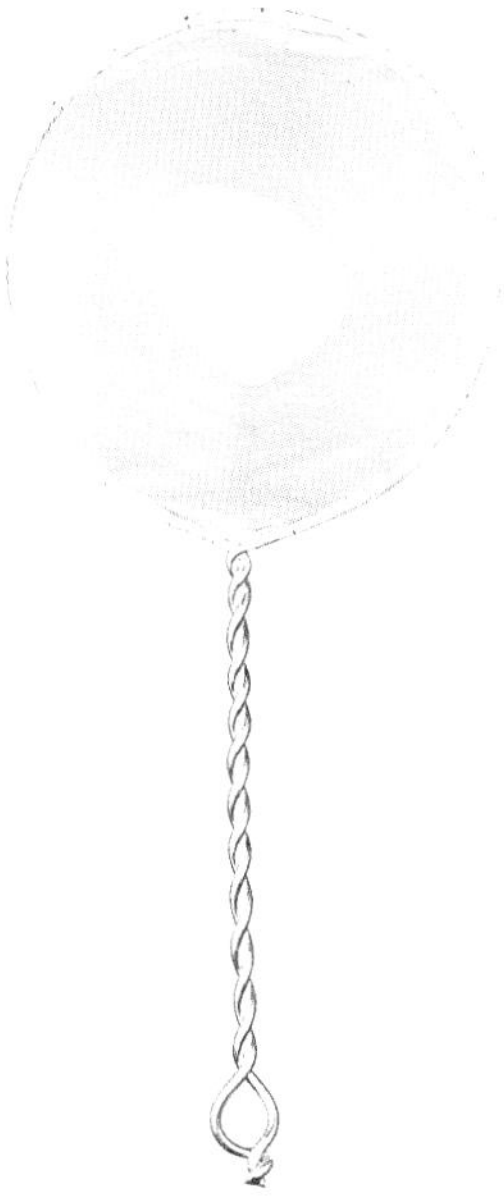

金魚すくい器具◎藤森照信

コイノボリのように水中をたなびきつつ金魚を追いかける。実際にコイノボリの図柄を器具の紙に刷り込んでおくという構想もある。水中をたなびく、複数のコイノボリと無数の金魚によって生まれる景観を想像されたい。

すくうのではなく、巻き込んで捕獲する。

金魚すくい器具◎藤森照信

テーマ

ティーバッグ

ことさらにデザインの存在を際立たせるのではなく、
使用者が、そこにデザインが存在していることすら気付かぬほどに、
人間の感覚や生理の機微に完璧に寄り添おうとする。
そんな猛烈にデリケートなデザイン観を持つプロダクトデザイナーが、
深澤直人氏である。
コンピュータやプリンター、CDプレイヤーなど、
深澤氏のデザインの背景には環境と人間の関係の新しいとらえ方、
つまりアフォーダンスの発想が潜んでいる。
新しい世紀のものづくりの感受性をそこに確かに感じて、
ひとつの課題をお願いした。

回答者

深澤直人

◎商品プロフィール

スプーン一杯分の葉をガーゼに包んだティーボール（またはティーエッグ）を考案したのは一八九六年、A.V.スミス。一九〇八年にはアメリカのトーマス・サリヴァンがガーゼの袋に入れて商品化し販売。これがティーバッグの起源である。四五年頃からシングルバッグタイプがアメリカから世界中に普及しはじめ、現在主要先進国の消費比率はリーフより多い。

◎ティーバッグ制作意図

「お茶を飲む」ということは、ただお茶を飲むことだけではない。話しながら。ぼーっとしながら。本を読みながら。その全体がお茶を飲むということを表わしている。

ティーバッグを取り出す。お湯を注ぐ。糸を上下させる。飲み頃を待つ。といった行為は「……しながら」の中に埋没して欲しい。人は「……しながら」意識せず、香りで味を知り、湯気で温度を感じ、色で飲み頃を計る。だから、意識しない行為の中にあってお茶の時間をさりげなく楽しくするようなデザインがしたいと思った。

ティーバッグの紐の先に指輪（のようなリング）が付いたものは、そのリングが飲み頃の色を示唆するもので、それは人の記憶となり、自分の好みの飲み頃までの距離をいつしか暗示する基準になってゆく。リングをティーバッグの糸からはずしてさりげなく相手に渡したりするようなお茶のシーンを想像しながらのデザインは楽しい。

ティーバッグの糸を上下させるとお湯の中のティーバッグはカップの中で前後する。「まるで足の運びがおぼつかない下手なあやつり人形のようだなぁ」と思ってデザインしたのが人形型のティーバッグである。お茶が膨らんで体が太っていくさまはモデルをつくるまで予測できなかった現象で、とても微笑ましかった。

出涸らしのティーバッグは醜いが、乾くとけっこうきれいな色と柄に染まっている。だからティーバッグの入る袋を出涸らしで染めてみたのが丸いティーバッグのデザインである。出涸らしがその袋に戻れば醜さの感覚が少なくなるような気がしたからで、さらに袋から糸を切り離さなければ、行き場のない出涸らしの問題は解消されるとも思った。

◎深澤直人（ふかさわなおと）
プロダクトデザイナー。一九五六年山梨県生まれ。八〇年多摩美術大学立体デザイン科卒業。八九年渡米しIDEO Product Developmentに入社。IDEA, ID Magazine Annual Design Review(USA), IF, Essen Design Award(Germany), D&AD(England), Gマークを含む四十あまりのデザイン賞を受賞。九六年帰国後、NECの「White Box」プロジェクト（TNプローブ）、EPSONの「Printables」（ロンドンデザインミュージアム、ベルリンインターナショナルデザイン展）、DMNの異業種デザイナーとの「without thought」展をディレクションなど、企業デザイナーとの共同デザイン開発を推進する。現在IDEO Product Development取締役、日本支社代表。多摩美術大学講師。

写真は、「Printables」EPSONのためにデザインしたプリンタ（一九九八）

ティーバッグの糸の先についた指輪のようなリングは紅茶の飲み頃の色と同色である。

リングの色は人の記憶となり、自分の好みの飲み頃までの距離をいつしか暗示する基準になってゆく。

ティーバッグ◎深澤直人

マリオネットのような形のティーバッグ

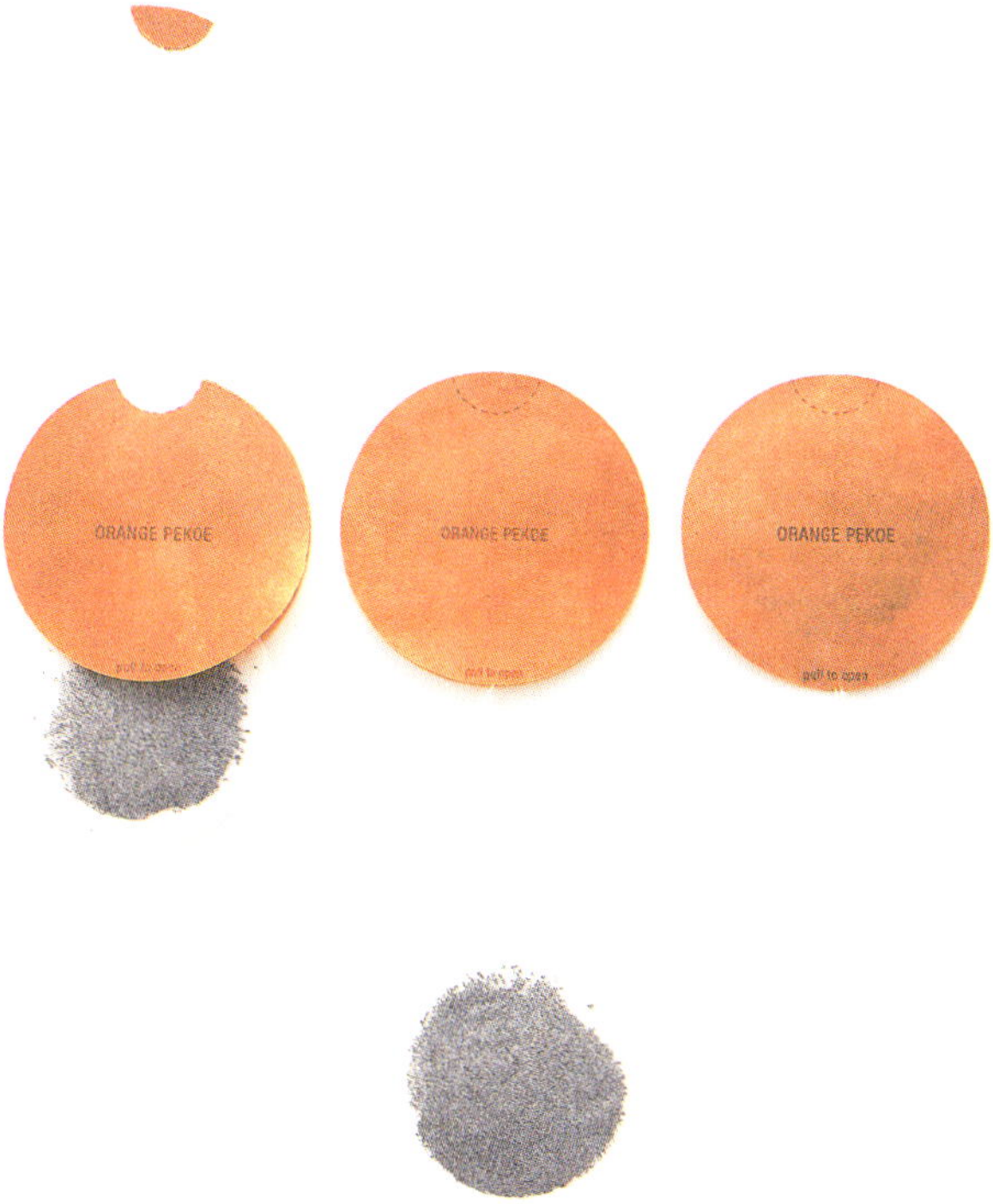

ケースが糸の先端に付いたままで紅茶をいれ、ケースの上方の点線部を破って糸を引くと、出涸らしのティーバッグがもとのケースの中に収まる。

ティーバッグ◎深澤直人

OOE TADASU

テーマ

コーヒードリッパー

回答者

大江匡

クイック式のコーヒードリッパーは、便利なものかも知れないが、なくて困ると言うものではない。しかし手のひらに載るほどのこの小さな製品の、いたる所に特許が潜んでいる。経済が生み出すエネルギーによって、人々の知恵がこのような所にひっそりと堆積しているという事実が、こういうものを通してはっきりと理解できる。どうせなら、もうひとつ知恵を積んで、キッチンの周辺に、何か新しい発想を見つけてみたいと、建築家、大江匡氏に相談を持ちかけた。

◎商品プロフィール

一杯分がパックされた簡易式レギュラーコーヒーは、手間のかかる器具がいらず使い捨てでき、手が汚れない、つねに封を開けたときの新鮮な香りが保たれる、などの利点をもつ。各社ともにフィルターやパッケージのデザイン、豆の焙煎とグラインドなどに独自の工夫を凝らしている。

211——210

SOLUTION: NEXT PAGE　　　　　　　　　　　CONCEPT OF RE DESIGN

◎コーヒードリッパー制作意図

コーヒーカップの上に架かるアーチ状の物は、なんと脱臭剤なのである。

いや、コーヒードリッパーなのである。

いや、どちらも正しいのである。

我々のテーマである簡易型コーヒードリッパーは広く一般的に浸透している商品である。その形態は機能的にはすでに完成されているといってよいだろう。

しかしながら、時代の流れからも否応なく環境的な配慮を強いられる中、一過性の使い捨てのプロダクトとしては成立しにくい状況だろうと思われる。

みなさん周知の通りいわゆる「使い捨てカメラ」と呼ばれる商品も実際には現像後には回収されてそれぞれのマテリアルに分別され、リサイクルされているらしい。

ただしいかにも再生材を使っているからエコロジカルであるということではなく、むしろ環境的な配慮を感じさせずに生活の中に溶け込むことが必要なのではないかと考えた。

そこでリサイクルという行為を義務ではなく自然に結びつけることは出来ないだろうかと考え、コーヒーの殻の脱臭機能に着目した。

つまりコーヒードリッパーとしてその機能を果たした後に脱臭剤として再び機能する形態を考え、なおかつユーモアのある形態をとることにより、廃棄物の印象を和らげ、生活に浸透していくことを目指したのである。

◎大江匡（おおえただす）

建築家。一九五四年大阪府生まれ。八七年東京大学大学院工学系建築学専修了。七七年菊竹清訓建築設計事務所入所。八五年株式会社プランテック総合計画事務所設立。現在代表取締役社長。主な建築に、九三年「フアンハウス」、九八年「パサージュガーデン渋谷」「SANKYO本社ビル」など。八六年「第十二回東京建築賞」(恵庵)、九四年「日本建築家協会新人賞」(ファンハウス)、九九年「BCS賞」(細見美術館)など多数受賞。主な著書に『こどもと住まい』(住まいの図書館出版局)、『大江匡のデジタル・スタジオ』(日経BP社)など。

写真は、「細見美術館」（一九九八）

コーヒードリッパー◎大江匡

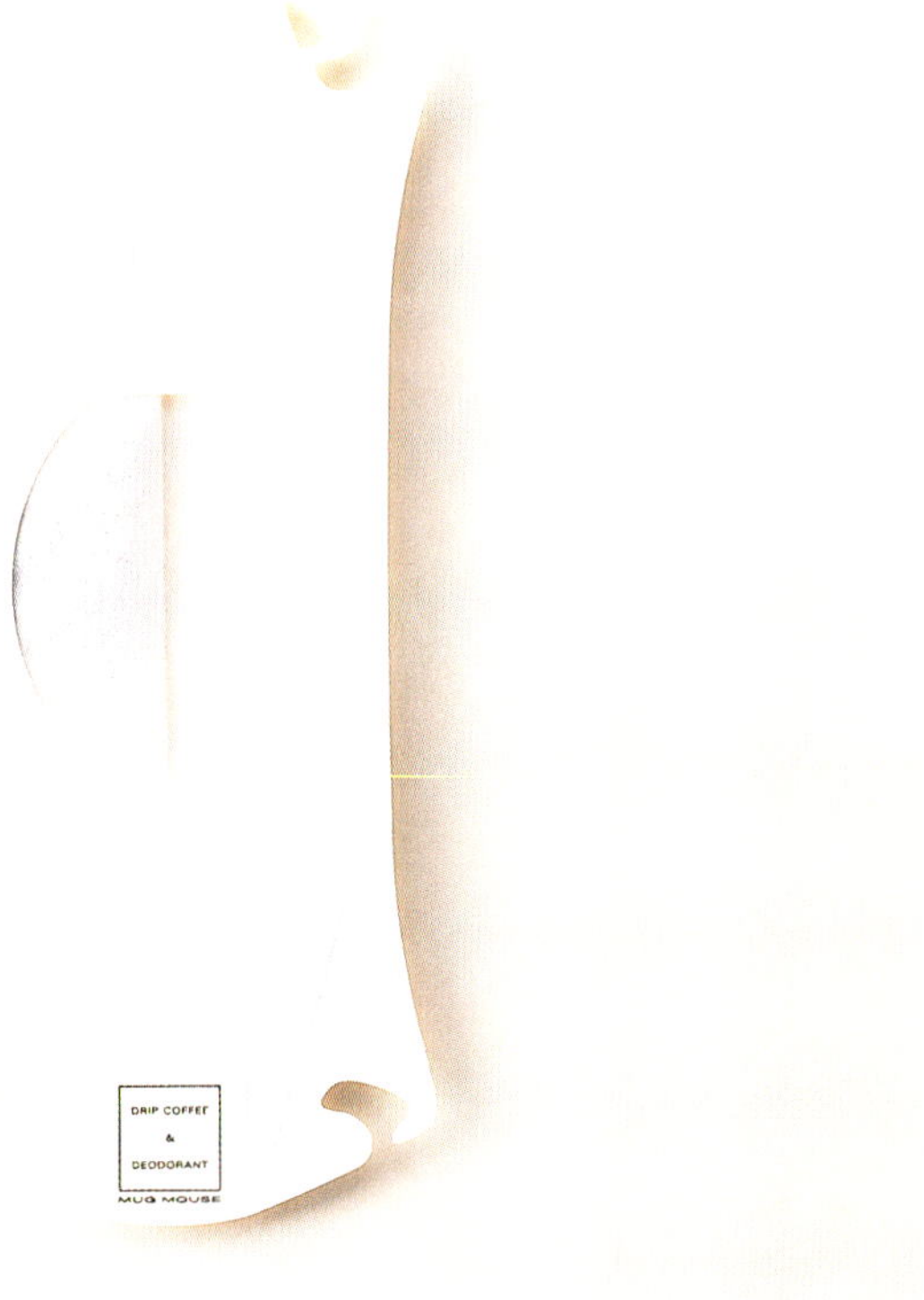

組み立て前の状態。フラットな形で収納。

コーヒードリッパーとして使用中。

コーヒードリッパー◎大江匡

コーヒー殻の脱臭機能に着目。

フックで下端を簡単に固定し、しっぽのようなハンガーで冷蔵庫に吊るす。

コーヒードリッパー◎大江匡

テーマ

絵葉書

『ROADSIDE JAPAN』や『TOKYO STYLE』という写真集で、「日本」のリアリティを見事に映像化してみせた都築響一氏に、同様の視点で、日本の絵葉書をつくっていただいた。

東京タワーや、浅草雷門、富士山という古い絵葉書のモチーフが、キッチュに感じられた文化の思春期はとうに過ぎ、現代の日本人のごく普段の生活風景に、実はもっともっとキッチュで怪し気なものが沢山紛れ込んでおり、私たちはそういうものに囲まれて過ごしている。

日本人は、かなり不条理なセンスを持つ民族なのだ。

この絵葉書は、不思議な説得力でそれを思い知らせてくれるはずだ。

回答者

都築響一

◎商品プロフィール

写真入りの絵葉書で古いものでは、ドイツのシュヴァルツヴァルトの写真のものが最初で、一八八九年七月六日に投函されたものが知られている。カラー写真の絵葉書ではドイツのロートフォト社が発行したものが最初だとされる。現存する最古のものにはどこかの村の写真が印刷されており、一九〇四年十月十六日付のハンブルグの消印が押されているらしい。

◎絵葉書制作意図

ときには現実の風景よりも、絵葉書の画像のほうにリアリティを感じてしまう。刻々と変わる空の色や風の匂いやざわめき、そういうすべての現実とはまったく異なったレベルにある、しかし「風景」としか呼びようのないもの。最も青い空と、最も鮮やかな光線とに彩られた、最も典型的なイメージ。富士はこう見よ、五重塔はこう見よと、あたかも教科書のように見方を強いるその印刷世界は、「典型」を追求しつくすことで、ほとんど抽象の世界へと到達する。それは最も見なれた風景が、作者の意図を遠く超えて、最もコンセプチュアルな映像へと変貌する、知的スリルに満ちた瞬間だ。

目垢に汚れた観光地に足を運ぶ。青い湖や真っ赤な鳥居や、苔むした庭には目も向けず、もっぱらお土産屋の片隅で埃をかぶった絵葉書セットを探す。そんなヒネクレた旅を続けながら、僕は自分だけの「日本風景絵巻」を頭の中でつくってきた。どんな立派な観光ガイドや紀行文学や豪華写真集よりも、僕にとって絵葉書こそが最もリスペクトすべき対象なのである。

◎都築響一（つづききょういち）
写真家／編集者。一九五六年東京都生まれ。七六年から八六年まで『ポパイ』『ブルータス』誌で現代美術、建築、デザイン、都市生活などの記事を主に担当する。八九年から九二年にかけて、一九八〇年代の世界の現代美術の動向を包括的に網羅した全百二巻の現代美術全集『アート・ランダム』を刊行。以来、現代美術、建築、写真、デザインなどの分野での執筆活動、書籍編集を続けている。一九九三年『TOKYO STYLE』刊（九九年、アメリカ・クロニクル社より英語版刊行）。週刊『SPA!』誌上で五年間にわたって連載された、日本各地の奇妙な新興名所を訪ね歩く『珍日本紀行』の総集編『ROADSIDE JAPAN』が一九九六年冬に発売されている。九六年第二十三回木村伊兵衛賞受賞。

写真は、『TOKYO STYLE』（一九九三）

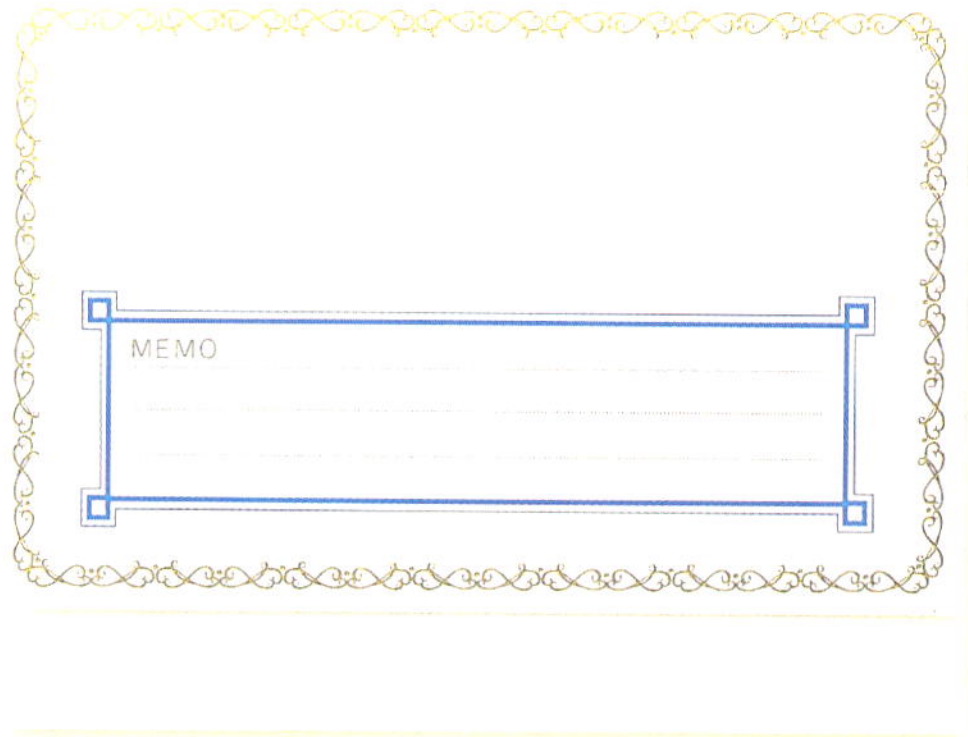

都築氏所有の大分別府温泉の絵葉書を参照し、絵葉書のシズル感にポイントを置いて制作した絵葉書。

動植物はすべて現在の日本に散在する人工物。

絵葉書◎都築響一

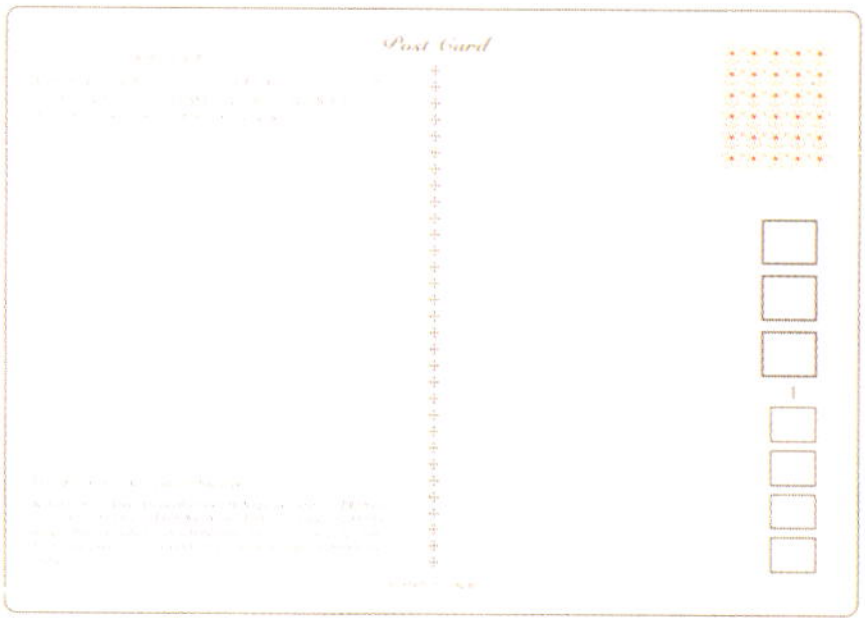

写真の果物は「バス停」。

典型を追求しつくすことで到達できる抽象。
「日本風景絵巻」。

絵葉書◎都築響一

テーマ

トランプ

「ビンゴカード」などいくつかのテーマ候補の中から、
「トランプならやってもいいよ」と、力強いお返事をいただいた。
それから、あっという間に五十四枚のデザインが届く。
「紙もちゃんとやるんでしょ」という言葉が重い。
要するに、図柄だけのシミュレーションではないですね、というご質問。
実は私も知らなかったのであるが、
トランプの紙は何層も貼り合わされ、反らないように出来ているらしい。
こういう紙は管理が厳しく、日本では簡単に調達しにくい。
結果として、ドイツから専用紙を取り寄せることとなった。

回答者

仲條正義

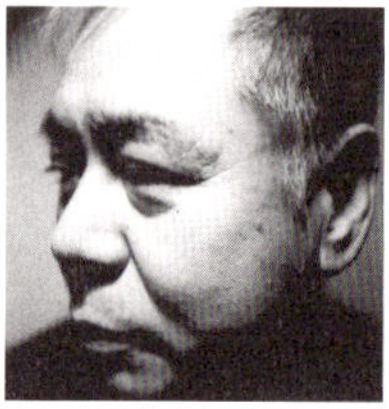

◎商品プロフィール

トランプの発祥には諸説があるが、三千年前にインドで使われた「タロット」という占い用具だといわれる。一八六二年イギリスのペリリーカードが防水紙を使ったトランプをつくり、それまで直角だった角を丸くして両端にインデックスをつけた。日本では任天堂などのゲーム業界がカードを販売しているが、反りなどを防ぐための技術は公にされないことが多い。

◎トランプ制作意図

今はカードというが、子どもの頃はトランプといった。迷信めいた、中世的な、また大正詩人のロマンティックな暗さにひかれた。当時は懐かしいゲームをするわけではなく、「七ならべ」や「ババ抜き」でいつしか忘れてしまった。昭和のはじめの遊びは「百人一首」、「花札」であった。成人を過ぎて、マッチ棒を引き出しから探し出し、「ポーカー」や「21」の掛け金がわりにその数を競った。わずか五十数枚の組み合わせは無限に近く、時に天国と地獄を味わうことになる。勝負事はまず体質で、根性の結果でありツキという運で、総体は公平で厳粛なものである。

カードのデザインは何度かした。失敗を重ねて少しは面白いものは出来たが、残っているものはわずかで自慢できるものはない。それは私のせいだけではなく伝統的なもの故の規制と美意識が新奇性を拒否するのか、ゲームが盛り上がらない。さらに最悪なことは、相手が負けが込むとそれを私のデザインのせいにするのだ。共通の裏面の柄がマリリン・モンローであろうと熱帯魚でも超モダンでもかまわないが、記号面は古典のままがよいという困ったことになる。やはりウィンドミルのほうが有難くゲームも真剣になる。この手のデザインのあり方のむづかしさである。

今回のデザイン原稿はすべて手描きでだらしがない。緊張が必須条件であるはずが無責任に見える。真面目につくらなければと思う一方、だれも真面目に遊んでくれないだろうという白けた結論が見えるからである。しかし心ある勝負師が使えば二方の角のマークと数字は正しく位置してゲームに差し支えない。迷うことなく大勝負にかけてほしい。

◎**仲條正義**（なかじょうまさよし）
グラフィックデザイナー。一九三三年東京都生まれ。五六年東京芸術大学美術学部図案科卒。資生堂宣伝部入社。五九年株式会社デスカ入社。六一年株式会社仲條デザイン事務所設立。七〇年より資生堂『花椿』のアートディレクションとデザインを手掛ける。主な仕事にザ・ギンザ、松屋銀座、キュイジーヌ・シセイドー、ワコール・スパイラル（青山）、東京都現代美術館、細見美術館（京都）等のCI計画、資生堂パーラーのロゴ及びパッケージデザインなど。ADC会員最高賞、SDA賞、講談社出版文化賞ブックデザイン賞、日本宣伝賞山名賞、毎日デザイン賞など受賞多数。紫綬褒章授章。東京ADC、JAGDA、東京タイポディレクターズクラブ、東京イラストレーターズソサエティ等会員。著書に、gggブックNo.15『仲條正義』（gggギャラリー刊）、『印刷された仲條』（リトルモア刊）、D&D SCAN#6『仲條正義』（六耀社）
写真は、パリ日本文化会館開館記念展「Bon. voyage」（一九九七）

トランプ◎仲條正義

カードの小口に不思議なパターンが発生。

状況により表情を変える背面のデザイン。

トランプ◎仲條正義

ジャック、クイーン、キングのいわゆる絵札とジョーカー。

色彩はすべて黒一色で統一されている。

トランプ◎仲條正義

テーマ

0歳児の絵本

回答者

北川一成

絵本、しかも0歳児の絵本をつくりたいと、グラフィックデザイナーの北川一成氏はご自身で、テーマを示された。子どもを持つ親として、日頃の観察から、0歳児の絵本に、ふさわしい表現のものがないことを発見。赤ん坊が、世界に興味を示す道筋を確認しながら、子どもと本当にコミュニケーションをするための道具を考案された。制作の過程で0歳児の子どもたちやそのお母さんたちに、約五十個のモデルを検証してもらい、今回のかたちに絞り込まれていったそうである。私たちにはむしろ未知なるものにみえる表現に、人の感覚の始源が隠されているのかもしれない。

◎商品プロフィール

0歳から三歳までの子どものための本を赤ちゃん絵本と総称する。はじめの頃は縦横十五センチ前後で十〜十二頁ほどの厚紙仕立のものがよいとされる。かじったり放り出したりする時期なので、丈夫で安全でめくりやすく重くなく、また赤ちゃんの目は未発達で焦点が合わせにくいため絵ははっきりと明るく、一頁または見開きに一つの絵柄のものが望ましい。

◎0歳児の絵本制作意図

0歳児はものすごい成長のいきおいで日々を送っている。
彼らは五感を使ってモノゴトに直接対面していく。

0歳児をみていると、光るモノに対して非常に興味をもつ。また、
六か月頃より鏡に写った自分の顔を自分自身だと認識し始める。
鏡に写った自分の顔にとても興味を示す。その鏡をよく見て、触って、なめる。

0歳児は動物やキャラクター物は、あまりよくわからない。それよりも、
ペットボトルのフタやスリッパなど生活の上で見ているモノが大好きだ。
凸凹のあるモノも大好きだ。

本に表記されている言葉は、0歳児が発する音声を日本語に書き換えたものです。
0歳児の言葉のように思える。この本を一緒にみている時は音を発声して
あげてください。興味を持って反応することでしょう。

よく人は、小さな子どもたちをみていて大人たちはたくさんのことを
教えられるといいます。
この本は大人のための本でもあります。

◎北川一成（きたがわいっせい）
アートディレクター。一九六五年、兵庫県加西市に生まれる。八七年、筑波大学視覚伝達デザイン科卒業。九六年、日本グラフィックデザイナー協会（JAGDA）新人賞受賞。現在、GRAPH CO., LTD.取締役。
左は、「純米酒・富久錦マーク」（一九九三）

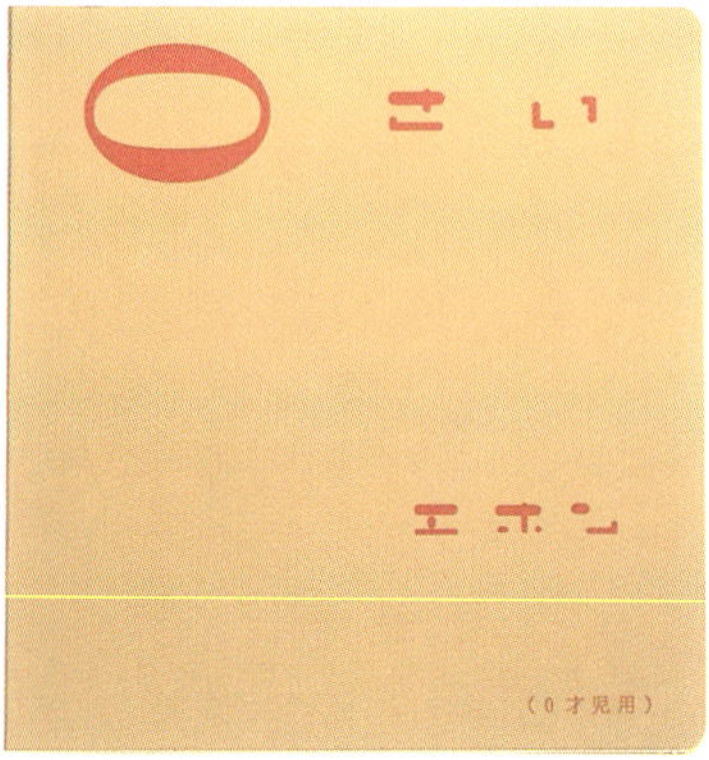
(0才児用)

見開きはメタリックな鏡面状の紙で、鏡のように顔が映る。

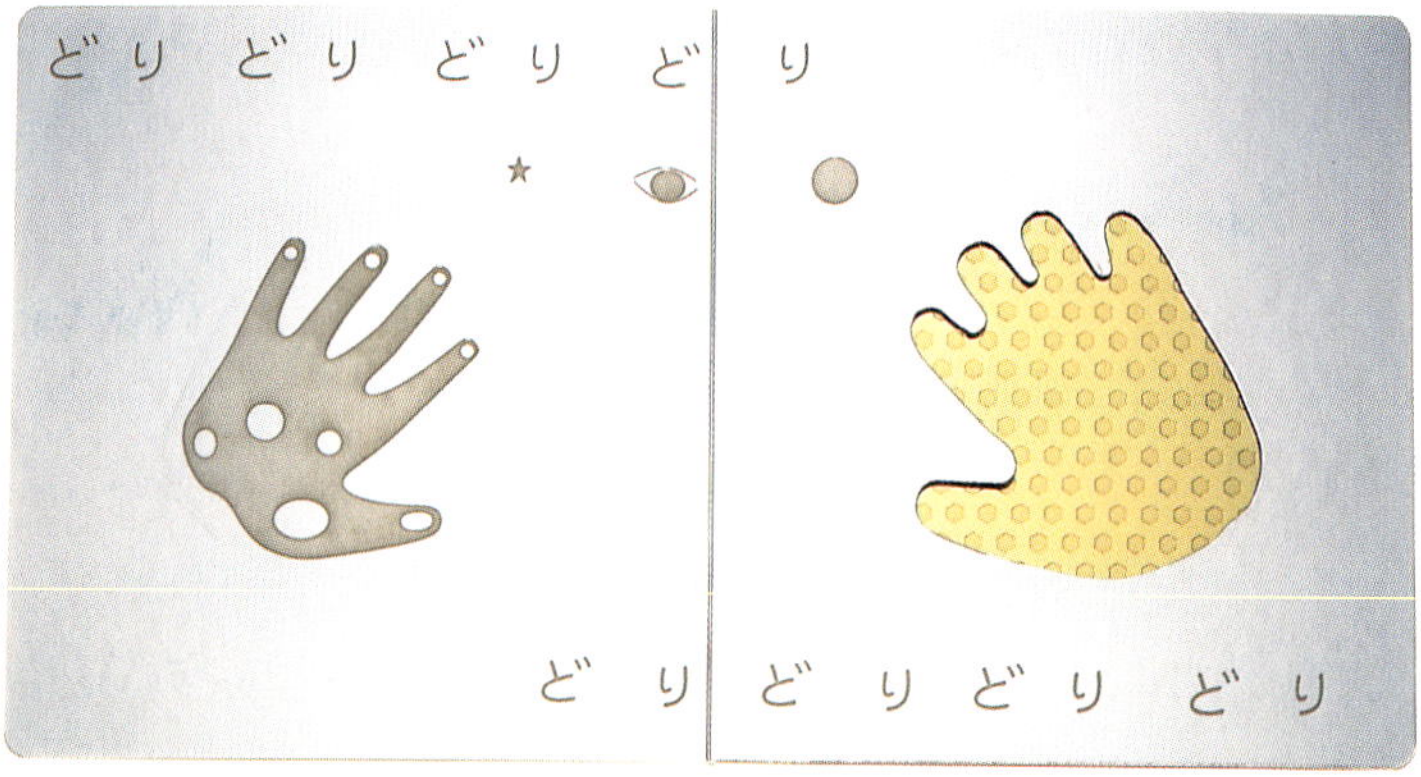

くり抜いた手の形や凹凸した表面などが仕組まれている。

記されている文字は0歳児の発する言葉。
本を眺めながら子どもと一緒に声をあげる。

0歳児の絵本◎北川一成

トイレットペーパー	古紙一〇〇% シングル トイレットペーパー
ゴキブリホイホイ——24	クラシコトレーシング A本判 T目 一〇七kg
記念日のためのマッチ	白箱＝NTラシャ(白) 四六判 Y目 二一〇kg 黒箱＝スーパーコントラスト(スーパーブラック) 四六判 Y目 一〇〇kg 合紙
シール・ラベル系グッズ	AFボードホワイト L判 Y目 二mm
ゆうパック	箱＝K5片段W段ボール、フレキシブル段ボール＝ベストラップ五〇四 伝票＝上質(白) 四六判 Y目 四五kg テープ＝特ラッパサラシクラフト 四六判 T目 七五・五kg
祝儀・不祝儀袋・ぽち袋	外袋＝新だん紙(雪) 四六判 Y目 一一〇kg 祝儀袋 内紙＝ぬのがみ(朱) 四六判 Y目 八〇kg 不祝儀袋 内紙＝ラップランド・アーバン・メタル (シルバー／ブラック) 一一二〇×七九〇 Y目 内袋＝グムンドカシミア(雪) 七七〇×一〇〇〇T目 一一九kg ぽち袋＝新だん紙(白) 四六判 Y目 一一〇kg
絵葉書——54	ロベール(ホワイト) 一一〇〇×七八八 T目 二三二kg
タバコのパッケージ	本体＝アルミ素材(PET／AL／PE／PPのはりあわせ) シール＝ダイタックPVC半硬質(白)
名刺	エクロンライティング(きぬしろ) A本判 Y目 五〇kg
切手・消印	パピエスト 四六判 Y目 一〇〇kg
おむつ	ポリエステル配合不織布 ペーパーリブ部＝のびのびサイドメッシュ 吸収素材＝高分子吸収材
ボウリングスコア・グラフィックス	金菱 四六判 T目 四五kg
小学一年生の国語教科書	表紙＝オフメタル(シルバー) 四六判 T目 一七〇kg 本文＝キンマリHi-L B本判 T目 六〇・〇kg るシート＝アリンダ・OFT-N 一〇〇 表3＝ヴィベール(〇〇〇〇) 七〇〇×一〇〇〇 T目
朝日新聞	朝日新聞 新聞用紙
日めくり	キクラシャ(白) 菊判 Y目 六九・五kg
年賀状	ケナフ100GA 四六判 一八〇kg

千歳飴	ヴァンヌーボAR（ホワイト）四六判 Y目 九〇kg
色の名前	サーラコットン（ホワイト-R）四六判 Y目 九〇kg
原稿用紙	ソフティーアンティーク（オレンジ）四六判 Y目 七二kg GAバガス（ライン）四六判T目 九〇kg ギルエッセスムース（ホワイトブルー）八九〇×五八五 Y目 四七kg ホワイトエクセルケント 四六判 Y目 七〇kg エクロンライティング（白）四六判 四二kg ゲインズボロー（ホワイト）八九〇×五七〇 Y目 四六kg ゲインズボロー（シルバー）八九〇×五七〇 Y目 四六kg
CDケース	クラシコトレーシング 七八八×五四六 T目 七五kg
ティッシュペーパー	パルプ一〇〇%ティッシュペーパー 箱＝彩美カード（銀鼠）四六判T目二六五kg
紙皿	コップ原紙、ディゾルボ（水溶紙）
タクシー領収書	金菱RE 四六判 Y目 五五kg
紙の照明	厚口白色グラシン 三〇・五g/㎡ 薄口黄色グラシン 二五・八g/㎡ 薄口赤色グラシン 二五・八g/㎡ 薄口竹色グラシン 二五・八g/㎡ 薄口牡丹色グラシン 二五・八g/㎡
ゴキブリホイホイ――192	F段 未晒クラフト 八〇kg
金魚すくい器具	ノンヒートシール T-BAG 一二g/㎡
ティーバッグ	フィルター部＝ノンヒートシール T-BAG 一二g/㎡ 丸タイプ袋＝ヒートパックMW 五〇g/㎡ 人形タイプタグ＝クラフトボール 二九〇g/㎡
コーヒードリッパー	本体＝コップ原紙 フィルター部＝フィルター用紙
絵葉書――216	インバーコートM 四六判 T目 一二三・五kg
トランプ	ザンダース トランプ用紙 六七五×九四〇 T目二〇九・五kg
0歳児の絵本	スペシャリティーズ NO·317 七九×一〇九 二七kg スペシャリティーズ NO·322 七九×一〇九 二七kg マリコート L版 T目 三五kg

あとがき

原　研哉

　この企画を進めるにあたって障害となったのは、自分自身がデザイナーであるということに起因する「遠慮」であり「躊躇」であった。この作家にこのテーマでお願いすれば面白い成果が期待できるに違いないと、課題と回答者の組み合わせを思いついても、たいていの場合、やはり失礼であろうと、思い直すことが多い。しかし実現して面白いものは、そういう躊躇を乗り越えた先にある。したがって私は、ここでは失礼を顧みず、企画を実行に移した。

　結果はご覧の通りである。当然のことかもしれないが、参加いただいた方々はあきらかに企画者より役者が数段上で、私の浅はかな依頼事項はいっそう創造的な次元に昇華され、回答は新たな問いを含んだ鋭いリターンとして次々に返ってきた。企画者としては「問い」のつたなさを恥じつつも、帰ってくるリターン・エースの数々に感動した。

　このプロジェクトにおける私の立場を芝居に例えると、配役と役者を決めただけの無責任な脚本家のようなものだ。筋書きが途切れて自動展開となったドラマの顚末を、舞台の袖で、はらはらしながら眺めているという立場。はたしてどんな衣装で、どんな演技が登場するのか、どきどきしながら待っている。この役者の陣容で、そのような心配は野暮に違いないのだろうが、依頼を終えた後は手も足も出せないという状況に無用な不安が発生する。実際、とっくに登場していなければならない場面で、いっこうに舞台に姿を現わさない役者や、舞台上での表現を許されるかどうかのきわどい演技には正直なところ肝を冷やした。しかし結果としてはまさにこれこそが極めつきのパフォーマンスであって、大きな見どころを生んでいるのである。

さて、ここで展開された内容は、日常が舞台である。私の発言は、今述べたような事情で、企画者というよりも芝居を一番先に観た演劇ファンのような視点からの発言とご理解いただきたいが、ここに浮かび上がってきた創造性こそ、まぎれもない「デザイン」である。具体化された回答が描き出す世界は、まさに新世紀のデザインの行方をはっきりと予告している。そういう純粋で未来的なデザインの輝きを、ご堪能いただければ幸いである。

最後に、難題をこころよく引き受けいただいた作家の方々にはここであらためて、感謝と敬意とを表したい。また、これらのデザインを具体的な制作物に仕上げるための技術協力をいただいた凸版印刷、美篶堂、P&Gファー・イースト、久保田箔押所、マッチコレクションズ、文祥堂、日清紡、特種製紙に、そして課題となった商品の試作許可をいただいたアース製薬、日本たばこ産業、朝日新聞社に、心からの感謝を申し上げたい。さらに郵政省郵務局、法務省入国管理局には適切なご指導のお礼を、制作物の撮影に気持ちよく協力いただいたアマナ、そして技術的な相談に応じていただいた花王サニタリー事業部商品開発部、出版に際して常に貴重なアドヴァイスをいただいた朝日新聞社書籍編集部大槻慎二氏にもあらためてお礼を申し述べたい。

企画にご賛同・ご協力いただいた皆様

味の素ゼネラルフーヅ株式会社
アース製薬株式会社
株式会社 伊勢丹
銀座・伊東屋
エプソン販売株式会社
王子製紙株式会社
ギャラリー・間
日本たばこ産業株式会社
株式会社 資生堂
シヤチハタ株式会社
大日本印刷株式会社
ダイハツ工業株式会社
特種製紙株式会社
凸版印刷株式会社
ニッカウヰスキー株式会社
日清紡
財団法人 二〇〇五年日本国際博覧会協会
プロクター・アンド・ギャンブル・ファー・イースト・インク
松下電器産業株式会社
光村図書出版株式会社
株式会社ワコールアートセンター

（五〇音順）

◎株式会社竹尾（かぶしきがいしゃ・たけお）

一八九九（明治三十二）年創業の紙商社。当時から洋紙の輸入・販売を行ない、一九三〇年頃より製紙会社と共同で国産洋紙の製造も手がけ始める。五〇年代より数々のファインペーパー（質感や色を重視した紙）を生み出す。グラフィックデザイナー原弘と三代目社長竹尾栄一が製紙会社（特種製紙、日清紡）と組んで開発した紙が評価され、六一年毎日産業デザイン賞を原弘が受賞。以来、デザイナーとの信頼関係を築きあげ、現在では創造活動を紙で支える紙商社として、数多くのデザイナーに支持されている。八九年には東京・青山に「青山見本帖」を開設。現社長の竹尾稠（たけおしげる）は五代目。

◎原研哉（はらけんや）

グラフィックデザイナー。一九五八年生まれ。日本デザインセンター内に「原デザイン研究所」を設立。独自のデザイン観で多方面のデザインプロジェクトに関わる。長野オリンピックの開・閉会式プログラム、アイムプロダクトの広告プロモーション、ニッカウヰスキーのパッケージデザインなど、明確な美意識に貫かれたグラフィックデザインを手掛ける一方、「梅田病院サイン計画」を始めとする空間デザイン、「竹尾ペーパーショウ」、新日本建築家協会「建築家たちのマカロニ展」、二〇〇五年日本国際博覧会など、プロジェクト・ディレクターとしての活動も注目されている。

RE DESIGN《リ・デザイン》　日常の二十一世紀《にちじょうのにじゅういっせいき》

二〇〇〇年四月二十五日　第一刷発行

編　株式会社竹尾
企画／構成　原研哉
編集コーディネーション　紫牟田伸子（日本デザインセンター情報デザイン編集室）
制作コーディネーション　井上幸恵（日本デザインセンター原デザイン研究所）
ブックデザイン　原研哉
レイアウト協力　井上幸恵（日本デザインセンター原デザイン研究所）
写真　廣石尚子／黒川隆広／蒲生弘政／飛知和正淳（株式会社アマナ）

発行者　岡本行正
発行所　朝日新聞社
〒一〇四－八〇一一
東京都中央区築地五－三－二
電話〇三（三五四五）〇一三一（代表）
編集・書籍編集部　販売・出版販売部
振替〇〇一九〇－〇－一五五四一四

印刷　凸版印刷株式会社

ISBN4-02-257495-X C0070
定価はカバーに表示してあります